TOUT SAVOIR SUR LA DÉMOCRATIE

GUIDE VISUEL

JEAN-BAPTISTE RENDU

TOUT SAVOIR SUR LA DÉMOCRATIE

GUIDE VISUEL

marcel**didier**

marcel**didier**

Tout savoir sur la démocratie

Copyright © 2012, Marcel Didier inc.
pour l'édition en langue française au Canada

Titre original de cet ouvrage :
Tout ce que vous avez toujours voulu savoir sur la démocratie

Les Éditions Marcel Didier bénéficient de l'aide financière des institutions suivantes pour leurs activités d'édition :
- Gouvernement du Canada par l'entremise du Fonds du livre du Canada (FLC) ;
- Gouvernement du Québec par l'entremise du programme de crédit d'impôt pour l'édition de livres.

Édition : Isabelle Laberge
Adaptation : Xavier Dionne
Correction d'épreuves et révision linguistique : Élise Bergeron
Recherche iconographique : Marc-André Brouillard
Direction artistique et maquette : MediaSarbacane
Mise en page : Nathalie Tassé
Couverture : René St-Amand

Édition originale : La démocratie
Publiée dans la collection : Guide visuel
Dirigée par : Philippe Tamic
Copyright © HATIER, 2012

ISBN 978-2-89144-565-8 (version imprimée)
ISBN 978-2-89144-569-6 (version numérique PDF)

Dépôt légal : 4ᵉ trimestre 2012
Bibliothèque et Archives nationales du Québec
Bibliothèque et Archives Canada

Diffusion-distribution au Canada :
Distribution HMH
1815, avenue De Lorimier
Montréal (Québec) H2K 3W6
www.distributionhmh.com

Imprimé à Hong Kong
www.marceldidier.com

Introduction

Si le régime de la démocratie naît à Athènes, la démocratie moderne s'implante à l'issue d'un long processus historique, décrit dans les pages qui suivent, qui gagne à partir du XVIIIe siècle l'Europe du Nord-Ouest et ses prolongements outre-mer. Là se trouvent en effet réunies les conditions de son apparition : une importante croissance économique et l'émergence d'une société diversifiée où bourgeoisie et classe moyenne, enrichies et cultivées, entendent avoir leur part du pouvoir politique. Encore faudra-t-il une acculturation de plusieurs décennies afin que s'imposent dans les esprits ses principes de base : la garantie des libertés fondamentales de l'individu et la souveraineté de la nation.

Au cours du XXe siècle, l'aire géographique des pays de démocratie libérale s'est considérablement étendue, et l'aspiration à la démocratie se manifeste chez de nombreux peuples, mais les régimes autoritaires ou les systèmes imitant formellement la démocratie sans mettre en œuvre ses principes dominent encore de vastes zones du globe. Traduisant au niveau des institutions le contrat unissant le gouvernement aux citoyens, la démocratie est un régime en constante évolution, tenu de s'adapter aux mutations des structures et des valeurs de la société.

À la démocratie politique et à l'octroi des libertés fondamentales se sont ajoutés au fil des décennies, comme le montre le présent ouvrage, les droits sociaux, les droits des femmes, ceux des minorités...

Enfin, la démocratie est un régime fragile, tenu de composer avec les intérêts parfois divergents des groupes sociaux, de trouver des compromis entre libéralisme et souci de justice sociale, de soumettre à débat les problèmes de société. Aussi peut-elle apparaître, dans une vision à courte vue, comme douée d'une moindre efficacité que les régimes autoritaires. Elle se trouve, de ce fait, menacée par l'indifférence et l'abstention d'une partie de ses citoyens comme par les poussées démagogiques d'un populisme qui propose de faux remèdes aux difficultés du moment. La démocratie apparaît ainsi comme une construction permanente qui exige pour se maintenir et se développer l'adhésion d'un peuple éduqué et responsable, capable de discerner les enjeux politiques et de choisir des solutions réalistes.

Serge Berstein

Professeur émérite des Universités
à l'Institut d'études politiques de Paris.

« **La démocratie**, c'est le gouvernement du peuple, par le peuple, pour le **peuple**. »
Abraham Lincoln, 16ᵉ président des États-Unis

Démocratie, *democracy* (anglais), *demokratie* (allemand), *democracia* (espagnol) ou encore *demokratiia* (russe) : ces mots ont une origine commune, le terme grec *demokratia*, qui signifie « gouvernement » (*kratos*) « du peuple » (*demos*).

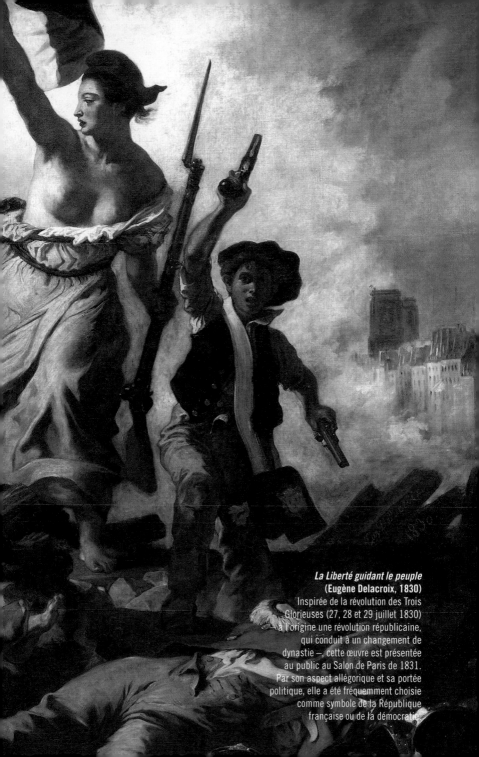

**La Liberté guidant le peuple
(Eugène Delacroix, 1830)**
Inspirée de la révolution des Trois
Glorieuses (27, 28 et 29 juillet 1830)
— à l'origine une révolution républicaine,
qui conduit à un changement de
dynastie —, cette œuvre est présentée
au public au Salon de Paris de 1831.
Par son aspect allégorique et sa portée
politique, elle a été fréquemment choisie
comme symbole de la République
française ou de la démocratie.

C'est en effet dans la Grèce antique,
à **Athènes**, que l'idée de la démocratie
naît, au moment où se met en place
le modèle de la cité (*polis*, qui a donné le mot
« politique »), fondé sur la participation
des citoyens à la vie collective.

Fresque de Raphaël intitulée *L'École d'Athènes* (1509-1510)
Au centre de la peinture sont représentés Platon et Aristote, tous deux contemporains de l'avènement de la démocratie athénienne.

Il est intéressant de remarquer que la naissance de la démocratie est liée à la **crise** politique et sociale qui frappe la cité grecque au VIe siècle av. J.-C.

L'idée d'associer davantage le peuple à l'exercice du pouvoir, jusqu'alors l'apanage des grandes familles aristocratiques, vise à renforcer la cohésion de la cité.

Sculpture représentant un hoplite (vers 350-325 av. J.-C.)
Ce jeune soldat athénien représente parfaitement la nouvelle classe sociale qui émerge au VIe siècle av. J.-C. Cette population de commerçants et d'artisans est suffisamment aisée pour s'offrir des équipements complets d'hoplites. Ainsi, la guerre n'est plus seulement réservée à l'aristocratie, tout comme le droit à la parole qui récompense ceux qui s'engagent dans la défense de leur cité. De cette révolution hoplitique est née une petite bourgeoisie athénienne.

À l'opposé des démocraties apparues plus tard dans l'Histoire, la **démocratie athénienne** ne naît donc pas d'une révolution populaire, dans la violence, mais d'une volonté de **réforme** pour assurer l'unité et l'avenir de la cité. La pratique de la démocratie va s'approfondir grâce à l'œuvre de plusieurs réformateurs.

Pièce de monnaie athénienne, reconnaissable à sa face frappée d'une chouette (vers 450 av. J.-C.)
La monnaie apparaît au VIᵉ siècle av. J.-C. Elle entraîne un fort développement du commerce méditerranéen, qui provoque l'appauvrissement des agriculteurs grecs, trop peu compétitifs. N'ayant pas d'autre choix que de se vendre comme esclaves pour éponger leurs dettes, ils viennent malheureusement concurrencer les petits artisans indépendants. Ces derniers n'ont alors plus de travail et manifestent leur mécontentement.

Au VIIe siècle av. J.-C., un législateur du nom de **Dracon** est chargé d'écrire les lois visant à soustraire les individus coupables de meurtre à la seule justice privée.

C'est affirmer pour la première fois l'autorité de la cité dans le domaine de la **justice** et instaurer en matière criminelle un droit écrit auquel **tous** devront se soumettre.

Tête sculptée de Dracon
(VIIe siècle av. J.-C.)
Appartenant à la famille des Eupatrides (les « bien nés »), Dracon fait partie de l'élite athénienne. Cette famille noble a plus de droits religieux et politiques qu'aucune autre dans Athènes. En tant que législateur de cette ville, Dracon va s'efforcer de limiter ce pouvoir en mettant par écrit des lois qui étaient, jusque-là, strictement orales et donc diversement interprétées.

Investi d'une fonction publique pour l'année 594-593, **Solon** est considéré comme le second « père » de la démocratie athénienne.

Il modifie le critère pour devenir citoyen en le fondant sur la richesse produite et non plus sur la seule naissance. Il crée un tribunal populaire (l'Héliée) où chacun a le **droit** d'attaquer en justice celui qui enfreint les lois.

Jetons de vote en bronze (vers 300 av. J.-C.)
Utilisés par les jurés de l'Héliée, ces jetons sont marqués pour que l'on puisse les identifier. Ainsi, choisir un jeton à tige creuse signifie la condamnation, tandis que le jeton à tige pleine acquitte l'accusé. Les jugements sont compliqués à rendre, car il n'existe ni code de procédure ni code pénal. Les lois sont d'ailleurs peu nombreuses, et l'interprétation de ces dernières joue un grand rôle dans le verdict final.

Ces avancées, cependant, n'empêchent pas Athènes de retomber dans une longue période de tyrannie, de 561 à 510.

Au sortir de ces années, **Clisthène**, désireux de combattre le poids de l'aristocratie, instaure l'**égalité** de tous les citoyens devant la loi (isonomie).

Clisthène d'Athènes
(VIe siècle av. J.-C.)
Cet homme politique athénien est l'instaurateur des principaux fondements de la démocratie athénienne. Ses réformes eurent pour effet d'associer le peuple aux institutions et aux décisions du gouvernement.

L'assemblée chargée des lois de la cité s'appelle la **Boulê**. Les 500 citoyens qui y siègent sont renouvelés et tirés au sort chaque année.
Son rôle est de recueillir les propositions des citoyens, puis de préparer les projets de loi afin d'établir l'ordre du jour des séances de l'**Ecclésia** qu'elle convoque.

Stèle avec fronton sculpté représentant Demos personnifié, assis sur un trône et couronné par la Démocratie
Sur le corps de la stèle est gravé un décret contre l'instauration de la tyrannie (vers 337 av. J.-C.).

L'**Ecclésia** est l'assemblée des citoyens et regroupe jusqu'à plusieurs milliers de personnes lorsque des décisions importantes sont débattues. Chacun peut y prendre la **parole** et voter pour ou contre les lois proposées par la Boulê. On y élit aussi les stratèges, généraux et magistrats.

Cette démocratie comporte, au regard de nos critères actuels, d'évidentes **limites**. Sur les 250 000 personnes qui vivent à Athènes, seules 40 000 sont considérées comme des « citoyens », pouvant participer aux décisions collectives. Aucun droit politique ou civil n'est accordé aux femmes, aux esclaves et aux métèques (étrangers libres).

Gravure anonyme de femmes athéniennes
La Grèce antique est une société patriarcale. Toute sa vie, la femme athénienne reste une mineure, dépourvue de droits politiques ou juridiques. Contrairement aux métèques et aux esclaves — à qui cette possibilité est, malgré tout, ouverte sous certaines conditions —, il est impossible qu'elle accède à la citoyenneté. La démocratie athénienne ne concerne donc pas tout le monde.

Si le modèle athénien n'a duré qu'un siècle, l'idée que les sociétés humaines peuvent adopter un mode d'organisation politique aménageant la **participation** de tous les membres de la communauté a **traversé** les siècles.

Buste de Périclès (vers 495-429 av. J.-C.)
Cet homme politique athénien, stratège et fin orateur, fit beaucoup pour la démocratie. En 451 av. J.-C., il instaure le *misthos*, un salaire donné à autrui pour chaque jour de présence au sein de la Boulê et de l'Héliée. Cette indemnité a pour but d'inciter les citoyens les plus pauvres et les plus éloignés de la ville à participer aux débats démocratiques. Ainsi, ils peuvent ne pas travailler plusieurs jours, mais être tout de même rémunérés. Cela renforce considérablement la démocratie athénienne. Mais la guerre du Péloponnèse, et tout particulièrement la défaite d'Athènes face à Sparte, condamne la démocratie athénienne : la cité ennemie restaure la tyrannie et supprime les assemblées démocratiques.

Car, après la période antique, l'**idée** même de démocratie disparaît pendant longtemps. Sauf à de rares endroits où une assemblée de type démocratique s'impose localement, il faudra attendre près de deux millénaires pour qu'elle soit **redécouverte**

Représentation d'un *thing* germanique, dessinée à partir d'un relief de la colonne de Marc Aurèle située à Rome (193 av. J.-C.) Le *thing* est une assemblée que l'on trouvait dans les sociétés germaniques anciennes d'Europe du Nord. Elle vote les lois et les décisions relatives à la communauté. Tous les hommes libres y ont accès, mais certaines grandes familles accaparent le pouvoir. On ne peut donc pas vraiment assimiler les *things* au système démocratique athénien.

Dès lors que les empereurs romains prennent un caractère **divin**, le peuple cesse d'être la source du pouvoir.

C'est précisément l'acquisition par le pouvoir d'une dimension **théocratique** qui va rendre impossible, pour longtemps, toute nouvelle émergence de la démocratie.

Au Ve siècle, dans l'Occident médiéval, l'Église catholique impose l'idée, théorisée par **saint Augustin**, que le pouvoir spirituel est placé au-dessus du pouvoir temporel.

L'idée démocratique devra se structurer en opposition à ce système dominé par une conception immuable de l'ordre terrestre.

Très tôt, les rois comprennent l'avantage qu'ils peuvent retirer d'une alliance avec l'**Église**, puisque celle-ci offre une justification surnaturelle à leur pouvoir.

En France, le baptême de Clovis, en 498, inaugure le lien étroit entre la monarchie et l'Église. Plus tard, Pépin le Bref, parvenu au pouvoir par un coup d'État, est le premier roi à se faire sacrer par l'Église pour ainsi imposer sa **légitimité**.

Pépin le Bref (715-768), peint par Louis Félix Amiel en 1837
Fils de Charles Martel et père de Charlemagne, ce roi des Francs accède au pouvoir en 751. Il se fait élire par une assemblée d'évêques et de nobles. En 754, le pape Étienne II confirme le titre de roi des Francs de Pépin le Bref en le sacrant une seconde fois.

Cette cérémonie, pratiquée par tous les successeurs de Pépin durant des siècles, fait du roi un personnage placé au-dessus de ses sujets, car il règne par la volonté de **Dieu**.

Sur cette base se met en place l'organisation de la société **féodale**. C'est une structure **pyramidale**, où chaque groupe a sa fonction : les nobles font la guerre, les hommes de Dieu prient et les paysans cultivent la terre.

Au sommet de la pyramide, le roi exerce le pouvoir avec l'appui des nobles les plus puissants. Ce système connaît son apogée en Europe au Moyen Âge.

Enluminure médiévale (XIIIe siècle)
De gauche à droite se trouvent représentés le clergé, la noblesse et le tiers état, les trois ordres de la société au Moyen Âge. Chaque ordre dépend des autres. Dans cette société féodale, chaque individu a une place prédéterminée.

Cette organisation en « **ordres** » de la société, l'assignation par naissance, à chaque individu, d'un statut, font **obstacle** à l'émergence d'une communauté de citoyens au sens athénien du terme.

On n'existe qu'en fonction des privilèges ou des obligations de son état. Le destin de chacun est défini a priori. La société est comme figée.

Reproduction d'une miniature médiévale (tirée de *Les Très Riches Heures du duc de Berry*, livre d'heures commandé par le duc Jean Ier de Berry vers 1410)
Paysans cultivant des champs à l'extérieur de la ville.

Les habitants du royaume féodal ne sont pas des citoyens, mais des **sujets** ; subordonnés à l'autorité du roi, ils n'ont que très peu d'autonomie personnelle, et les droits qu'ils peuvent revendiquer sont très limités.

Les groupes sociaux — noblesse, clergé, communautés locales ou corporations professionnelles — défendent jalousement les **privilèges** qu'ils ont pu conquérir.

À l'inverse, le pouvoir royal va s'employer, au long des siècles, à asseoir son contrôle sur le territoire. Un mouvement de **centralisation** du pouvoir se développe contre ces privilèges et contre les libertés locales, qui s'affirment avec l'essor des **villes**.

Carte du royaume de France en 1461
Parallèlement à l'agrandissement du royaume, le pouvoir du souverain s'étend. À l'époque, seule une autorité absolue et centralisée semble en mesure de lutter contre les forces de division internes.

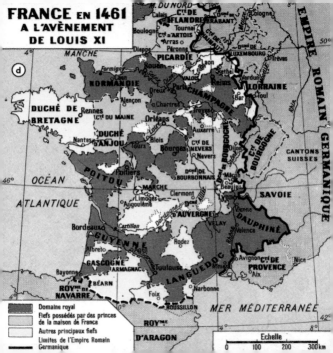

FRANCE EN 1461
A L'AVÈNEMENT DE LOUIS XI

M. DU NORD

Calais · Cté DE FLANDRE · BRABANT · Cologne

Boulogne · Tournai · Cté D'ARTOIS · HAINAUT · DCé DE LUXEMBOURG · Trèves

Dieppe · Arras · Péronne · PICARDIE · DCé DE · Verdun

MANCHE · Rouen · Laon · Rethel · Reims · LORRAINE · Toul

Formigny · Caen · NORMANDIE · Paris · VALOIS · CHAMPAGNE · Bar · RHIN

Rennes · Alençon · Dreux · Chartres · Troyes · Auxerre

DUCHÉ DE · Cté DU MAINE · Orléans · Cté DE NEVERS · Cté DE · BOURGOGNE · CANTONS SUISSES

BRETAGNE · DUCHÉ · Blois · Dijon · Nevers

Nantes · D'ANJOU · Tours · BOURGES · DCé DE

POITOU · Cté DE · Bourbonnais · Mâcon · Beaujeu

OCÉAN · Poitiers · MARCHE · Clermont · Lyon · SAVOIE

ATLANTIQUE · Limoges · Angoulème · D'AUVERGNE · Vienne · DAUPHINÉ

Bordeaux · Castillon · Dordogne · Rodez · VELAY · Valence

GUYENNE · Alberte · Cté DE · PROVENCE

GASCOGNE · ARMAGNAC · Toulouse · LANGUEDOC · Avignon · Nice · Aix

Bayonne · BÉARN · Foix · Narbonne · MER MÉDITERRANÉE

ROYme DE NAVARRE · ROUSSILLON

ROYme D'ARAGON

OCÉAN · ATLANTIQUE

Légende:
- Domaine royal
- Fiefs possédés par des princes de la maison de France
- Autres principaux fiefs
- Limites de l'Empire Romain Germanique

Echelle
0 · 100 · 200 · 300 km

EMPIRE ROMAIN GERMANIQUE

50°

46°

42°

4°

4°

Les **villes**, en effet, prospèrent et deviennent des carrefours commerciaux propices à l'émergence d'une nouvelle classe sociale, la **bourgeoisie**.

Cette évolution a une incidence politique : elle incite les habitants des villes à réclamer des libertés locales ou des franchises, qui leur sont octroyées par le roi ou par le seigneur contrôlant la région (le fief).

La croissance des villes et le développement des échanges rendent progressivement la gestion des pays plus **complexe**. Pour gouverner efficacement, les rois doivent s'entourer d'**institutions** et de conseillers responsables des finances et de la justice.

Dans certaines circonstances, par exemple lorsqu'il a besoin de lever des impôts exceptionnels, le roi peut convoquer des **états généraux**. Ces assemblées, réunissant des représentants de la noblesse, de l'Église et du tiers état, constituent un **embryon** d'expression politique.

Philippe VI (1293-1350) proclamant la loi salique lors des états généraux, peint par Jean Alaux en 1841
En 1328, après la mort du précédent roi, Charles IV, Philippe VI isole de son contexte un article du code salique (ancien code de lois appartenant aux Francs) et décrète que les femmes ont l'interdiction de monter sur le trône. Ainsi, sa principale rivale, également prétendante à la couronne, Jeanne de Navarre, est évincée. D'une manière plus générale, la loi salique dicte les règles à suivre lors d'une succession au trône de France.

Mais la convocation de ces assemblées, réunies sur un ordre du jour précis, reste à l'**initiative** du souverain. Même si celui-ci est souvent amené à négocier avec les groupes les plus puissants de son royaume, son **pouvoir** n'est pas remis en cause.

Lettre du roi Louis XVI convoquant les états généraux à Versailles le 27 avril 1789
Ces états généraux seront les derniers de l'Ancien Régime, puisqu'ils ont lieu l'année de la Révolution. Des représentants des trois ordres — le clergé, la noblesse et le tiers état — sont convoqués par Louis XVI afin de chercher des solutions aux problèmes des Français.

LETTRE DU ROI,

POUR LA CONVOCATION

DES ÉTATS-GÉNÉRAUX

À Versailles le 27 Avril 1789,

ET RÈGLEMENT Y ANNEXÉ.

À PARIS,
DE L'IMPRIMERIE ROYALE.

M. DCCLXXXIX.

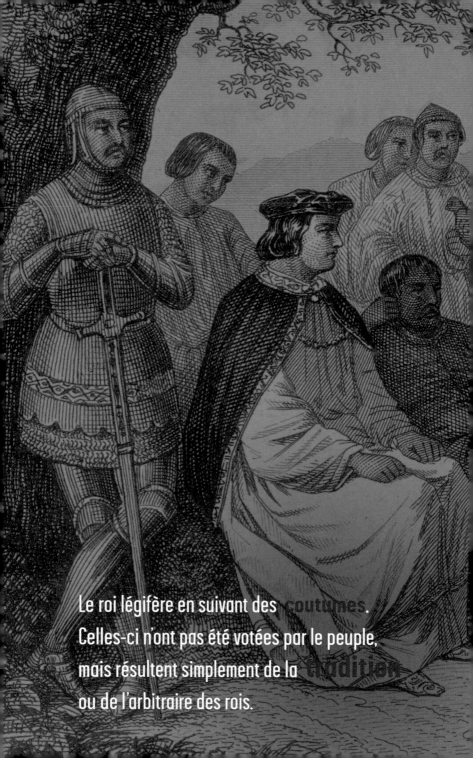

Le roi légifère en suivant des coutumes.
Celles-ci n'ont pas été votées par le peuple,
mais résultent simplement de la tradition
ou de l'arbitraire des rois.

Louis IX de France, plus connu sous le nom de
Saint Louis, rendant la justice sous un arbre.
Roi de France de 1226 à 1270, Louis IX développa une justice
royale où le roi apparaît comme le « justicier suprême ».
L'Histoire conserve de lui le souvenir d'un roi juste et bon.

La notion même d'État, entité juridique distincte de la personne royale, n'apparaît qu'au **XVIe siècle**, qui est aussi une époque décisive pour l'évolution de la pensée politique. L'invention de l'**imprimerie** favorise la circulation des idées et la diffusion des auteurs de l'Antiquité, que l'on redécouvre peu à peu.

Gravure de Jost Amman représentant un atelier d'imprimerie (1568)
Vers 1440, l'Allemand Johannes Gutenberg invente la presse à imprimer. En favorisant l'échange des idées, la diffusion des savoirs et l'apparition de nouvelles élites intellectuelles dans toute l'Europe, l'imprimerie contribue au développement de la réflexion politique et à l'émergence du concept de démocratie.

Ce bouillonnement intellectuel favorise la réflexion sur la nature du pouvoir.

Dans *Le Prince* (1513), **Machiavel** défend l'idée que le pouvoir est une réalité totalement **humaine**, indépendante des commandements de la théologie et de la morale. Le prince n'a pas à se préoccuper du bien et du mal, mais seulement de mettre en œuvre les qualités nécessaires pour assurer la toute-puissance de l'État.

Nicolas Machiavel (1469-1527), peint par Sandi di Tito à la fin du XVIe siècle
Ce philosophe italien de la Renaissance a beaucoup écrit sur les systèmes politiques, ainsi que sur les différentes stratégies à mettre en place pour accéder au pouvoir et le conserver.

Cette toute-puissance est mise en question alors que le pouvoir royal rationalise encore son administration et progresse vers plus de centralisation. Dans le *Discours de la servitude volontaire* (1548), La Boétie **désacralise** le pouvoir en énonçant qu'il n'est au fond qu'une forme de **contrat** implicite entre les dominants et les dominés.

Étienne de La Boétie (1530-1563)
Cet écrivain et poète est célèbre pour avoir écrit, à 18 ans, le *Discours de la servitude volontaire*, texte très audacieux pour son époque. La Boétie s'interroge sur la docilité avec laquelle les peuples acceptent la tyrannie. En effet, selon lui, cet asservissement est volontaire, puisque le peuple ne se révolte pas.

Cette notion de contrat se retrouve dans les écrits de pamphlétaires protestants, les monarchomaques, qui s'élèvent contre l'absolutisme royal au XVIe siècle. Selon eux, le **peuple** forme le corps social, et c'est donc lui qui crée le souverain. Aussi lui appartient-il de le renverser s'il ne respecte pas les devoirs de sa charge.

Estampe du XVIe siècle représentant Théodore de Bèze (1519-1605)
Ce théologien protestant était un monarchomaque. Après le massacre des protestants de la Saint-Barthélemy, en 1572, un certain nombre de thèses monarchomaques apparaissent. Celles-ci expliquent qu'un contrat lie le peuple à son souverain. En 1574, Théodore de Bèze écrit *Du droit des magistrats sur leurs sujets*. Il y indique qu'il est possible de se rebeller contre la tyrannie.

Jean Bodin, dans *Les Six Livres de la République* (1576), adopte une position différente. Les gouvernements et les lois civiles, dépendant de l'homme et des institutions, peuvent changer, mais l'État demeure. Celui-ci s'identifie avec la **souveraineté**, « puissance absolue et perpétuelle », donnée par Dieu au prince, et que rien ne peut limiter.

Première page de la préface des *Six Livres de la République*, de Jean Bodin (vers 1530-1596)
Ce philosophe et théoricien politique fit beaucoup pour développer le concept de « bon gouvernement ». Il se prononce dans ce livre pour une monarchie modérée.

PREFACE SVR
LES SIX LIVRES DE
LA REPVBLIQVE
de Iean Bodin.

A MONSEIGNEVR DV FAVR, SEIGNEVR
de Pibrac, conseiller du Roy en son priué conseil.

V I S-Q V E la conserua-
tion des Royaumes et Em-
pirés, & de tous peuples
depend apres Dieu, des
bons Princes & sages gou-
uerneurs, c'est bien raison
(Monseigneur) que châ-
cun leur assiste, soit à maintenir leur puissance soit
à executer leurs sainctes loix, soit à ployer leurs suiets
par dicts & escrits, qui puissent reussir au bien cõmũ
de tous en general, & de chascũ en particulier. Et si
celà est tousiours honneste et beau à toute personne
mainsenãt il nous est necessaire plus que iamais. Car
pendãs que le nauire de nostre Repub. auoit en poupe
le vent agreable, on ne peusoit qu'a iouir d'un repos
ferme & asseure, auec toutes les farces, mõmeries

a ij

Au XVIIᵉ siècle, **Bossuet**, homme d'Église et célèbre prédicateur, va plus loin encore. Principal théoricien, en France, du droit divin, il fait valoir que le souverain, tenant son pouvoir de Dieu, ne doit le partager ni avec son peuple ni avec les corps intermédiaires tels que les parlements. Bossuet justifie ainsi la pratique du pouvoir choisie par **Louis XIV** décidant de gouverner seul en 1661.

Jacques Bénigne Bossuet (1627-1704), peint par Hyacinthe Rigaud en 1698
Précepteur du dauphin Louis de France – fils de Louis XIV –, puis évêque de Meaux, Bossuet expose les principes de la monarchie de droit divin dans un texte au titre éloquent, édité après sa mort : *La Politique tirée des propres paroles de l'Écriture sainte* (1709). Selon lui, toute autorité vient de Dieu, et se révolter contre le souverain revient à se révolter contre Dieu.

À 23 ans, en effet, le jeune Louis XIV concentre entre ses mains tous les pouvoirs : exécutif, législatif et judiciaire. Sous son règne, la France représente le modèle « parfait » de l'**absolutisme**, et d'autres pays, tels que l'Espagne et la Prusse, vont s'en inspirer. Pourtant, l'absolutisme n'est pas partout « absolu ».

Louis XIV (1638-1715), sculpté par Gian Lorenzo Bernini, dit le Bernin, en 1665
À la mort du cardinal Mazarin, en 1661, la première décision du futur Roi-Soleil est de supprimer la fonction de Premier ministre. Après les décès de ses plus importants ministres – Colbert en 1683 et Louvois en 1691 –, il est plus que jamais à la source de toutes les décisions.

En **Angleterre**, au XIIIe siècle, un **Parlement** au rôle accru naît des restrictions du pouvoir royal arrachées au roi Jean d'Angleterre par la révolte des barons. Ces restrictions sont formulées en 1215 dans un document d'une grande importance pour l'histoire de la démocratie, appelé *Magna Carta* (la « Grande Charte », en latin), qui affirme l'existence de libertés et de privilèges opposables à la Couronne et à ses agents.

Gravure représentant Jean d'Angleterre signant la Grande Charte le 15 juin 1215 à Runnymede, près de Londres (XIXe siècle)

Par cette charte, le roi s'engage notamment à se soumettre à la décision du Parlement pour établir l'impôt et aussi à ne plus arrêter les hommes libres de façon **arbitraire**. Par cette limitation du pouvoir royal, le texte prépare le passage d'un État où le pouvoir s'identifie au souverain à un

État de droit

Parchemin de la Grande Charte des libertés authentifié par le sceau de Jean d'Angleterre (1215)
Il ne reste aujourd'hui que quatre exemplaires du texte original.

Utilisant cette brèche que le droit lui offre contre l'arbitraire royal, le **Parlement** va limiter progressivement le pouvoir de la monarchie anglaise. Grâce notamment au contrôle de l'impôt, il devient le principal organe de conseil du roi, puis **l'arbitre** des crises politiques.

Réunion du Parlement anglais en présence du roi
L'image pourrait dater des dernières années du XIIIe siècle, le roi étant alors Édouard Ier (1239-1307).

C'est justement un conflit entre le Parlement et le roi qui est à l'origine de la **première révolution anglaise** (1642-1649). Le roi d'alors, Charles Ier, irrite le Parlement par sa conduite solitaire des affaires : levées d'impôts, arrestations arbitraires. Lui-même agacé par les remontrances qui lui sont faites, le roi **dissout** le Parlement à plusieurs reprises.

Charles Ier d'Angleterre (1600-1649), peinture anonyme
Sur fond de tensions religieuses et de désaccords sur le recours massif à l'impôt, la dégradation des relations entre le roi Charles Ier et le Parlement conduit à la révolution. Succédant en 1640 au Court Parlement – qui n'a siégé que trois semaines avant d'être dissous par le roi –, le Long Parlement vote en 1641 la Grande Remontrance. Ce texte formule l'exigence d'un contrôle du Parlement sur le pouvoir exécutif, c'est-à-dire sur le roi lui-même. La révolution éclate.

Le Parlement contourne la volonté du roi et lève une armée afin de contrer les troupes royalistes. À l'issue d'une guerre civile, en 1649, le roi Charles Ier est déposé puis exécuté. L'homme du Parlement, Cromwell, proclame la république... avant de supprimer le Parlement et de dériver lui-même vers l'autoritarisme.

Peinture de Paul Delaroche intitulée *Cromwell et le cadavre de Charles Ier* (1831)
Le chef du Parlement, Oliver Cromwell (1599-1658), prend le pouvoir après l'exécution du roi en 1649. Mais le Lord Protecteur qu'il devient se montrera progressivement d'un autoritarisme quasi fanatique. Il mourra aussi redouté qu'impopulaire, sans avoir su donner une Constitution à l'Angleterre

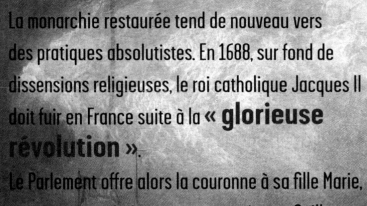

La monarchie restaurée tend de nouveau vers des pratiques absolutistes. En 1688, sur fond de dissensions religieuses, le roi catholique Jacques II doit fuir en France suite à la **« glorieuse révolution »**.

Le Parlement offre alors la couronne à sa fille Marie, protestante, qui régnera avec son époux, Guillaume, prince d'Orange.

Gravure de William Miller représentant le débarquement
en 1688 de Guillaume III, dit d'Orange, dans
la baie de Torbay, en Angleterre (1852)

En contrepartie, le couple royal s'engage à signer une Déclaration des droits (*Bill of Rights*, 1689), qui limite définitivement le pouvoir du roi. Cette date marque l'acte de naissance de la **monarchie parlementaire**, qui remplace dès lors la monarchie absolue en Angleterre.

Le roi Guillaume III d'Angleterre, peint par Godfrey Kneller vers 1680. La Déclaration des droits, tout comme la *Magna Carta*, joue un rôle important dans l'établissement de la démocratie et de la liberté d'expression en Angleterre. Après la mort, en 1694, de la reine Marie II, fille de Jacques II, Guillaume III poursuit le règne seul. En 1695, le Parlement, en refusant de renouveler une loi restrictive votée en 1662 sous le règne de Charles II, rend possible la liberté de la presse.

L'avis du Parlement devient **indispensable** pour la suspension des lois, leur exécution, la levée d'un nouvel impôt, l'entretien d'une armée en temps de paix.

Les droits fondamentaux des citoyens sont affirmés : droit de pétition, liberté des élections à la Chambre des communes.

Le *Bill of Rights* est donc une formidable **avancée** pour la démocratie.

LETTERS

CONCERNING THE

ENGLISH
NATION.

BY

Mr. DE VOLTAIRE.

LONDON,

Printed for C. DAVIS in *Pater-Noster-Row*,
and A. LYON in *Ruffel-Street*, *Covent-Garden*.
MDCCXXXIII.

Dans une Europe dominée par les monarchies, les révolutions anglaises offrent l'espoir d'une **solution de rechange** à l'absolutisme. La Grande-Bretagne s'affirme ainsi comme le creuset d'un nouveau modèle politique, la **démocratie parlementaire**, où, si le roi continue de régner, il va gouverner de moins en moins. Le principal théoricien en est le philosophe **John Locke**.

Élisabeth II (née en 1926), reine du Royaume-Uni, de seize États indépendants et chef du Commonwealth depuis le 6 février 1952 (ici en juillet 2007)
La monarchie parlementaire britannique prévoit un système de séparation des pouvoirs dans lequel le monarque est le chef symbolique du pouvoir exécutif. Ce pouvoir est en réalité exercé par un premier ministre nommé par le monarque, qui entérine ainsi le résultat d'un scrutin démocratique. Le premier ministre doit obtenir le soutien du Parlement, envers lequel son gouvernement est seul responsable. Dans ce cas, comme disait Adolphe Thiers : « Le roi n'administre pas, ne gouverne pas, il règne. » Ce système politique a traversé les siècles avec succès en se transformant progressivement. Le Canada en est un exemple.

Reprenant l'idée de contrat, **Locke** conçoit la société comme une création volontaire des hommes, qui s'unissent pour garantir leur droit de propriété. L'État doit seulement se contenter de garantir la vie des individus et la pérennité de leurs biens. Cette théorie politique est l'une de celles qui fondent le libéralisme et la notion d'« **État de droit** ».

John Locke (1632-1704), peint par Herman Verelst en 1689
Ce philosophe anglais est un précurseur des Lumières. Selon lui, l'expérience est à l'origine de la connaissance. Le peuple a le devoir de se révolter lorsque l'État outrepasse ses fonctions. Ces principes politiques sont les prémices du libéralisme.

L'**« État de droit »** est une situation juridique selon laquelle chacun est soumis au respect du droit, du simple individu jusqu'à la puissance publique. La vision libérale et individualiste de Locke **limite** le rôle de l'État, perçu comme un danger potentiel pour les libertés.

Première page de l'essai de John Locke, *Lettre sur la tolérance*, écrit en 1689
À une époque où l'Angleterre redoute une guerre de religions, Locke préconise la tolérance : chacun doit être libre de choisir sa religion et d'adhérer aux dogmes qu'il souhaite. Selon lui, la multiplicité des religions est un moyen d'empêcher les tensions dans un pays.

A LETTER

CONCERNING

Toleration:

Humbly Submitted, &c.

LICENSED, *Octob.* 3. 1689.

LONDON,

Printed for *Awnsham Churchill*, at the *Black Swan* at *Amen-Corner*. 1689.

Edited and introduced by JAMES H. TULLY

HACKETT PUBLISHING COMPANY

Ce questionnement sur la coexistence de l'État et de la liberté des individus occupe la réflexion des philosophes des Lumières. Dans le cadre de monarchies absolutistes comme la France, ceux-ci se posent la question de l'arbitraire royal.

Gravure de Daniel Chodowiecki intitulée *Les Adieux de Calas à sa famille* (1885)
En 1762, le protestant Jean Calas (1698-1762), accusé d'avoir assassiné l'un
de ses fils qui projetait de se convertir au catholicisme, est condamné à mort
par le parlement de Toulouse et exécuté. Convaincu de son innocence, Voltaire
prend la tête d'une campagne d'opinion en faveur de sa réhabilitation, qu'il
obtiendra en 1765. L'affaire Calas devient le symbole des insuffisances de
la justice et de l'absence de protection des individus contre l'arbitraire.

Comment éviter l'arbitraire ? Dans son essai *De l'esprit des lois* (1748), **Montesquieu** pointe le danger du gouvernement d'un seul et se prononce résolument en faveur de la **séparation des pouvoirs** exécutif, législatif et judiciaire.

GAL

UR GAL

Avec celui de Montesquieu, l'ouvrage de Jean-Jacques **Rousseau** *Du contrat social* (1762) marque une étape décisive dans la critique du pouvoir établi. Pour lui, le juste contrat social est celui qui permet de concilier l'**égalité** et la liberté.

Jean-Jacques Rousseau (1712-1778), peint par Maurice Quentin de La Tour en 1753
Il est l'un des philosophes les plus connus des Lumières. Thème classique de la pensée politique, le contrat prend chez Rousseau un sens nouveau : Hobbes le voyait comme un moyen de garantir la sécurité de tous, Locke comme un moyen d'assurer les droits naturels que sont la propriété privée et la liberté individuelle ; Rousseau le conçoit comme l'expression de la volonté générale.

Dans ce contrat, chacun accepte de renoncer à une partie de sa liberté pour associer ses forces à celles des autres. C'est l'union de tous qui définit la volonté générale. La souveraineté appartient donc réellement au **peuple**, dont chaque membre est une partie du tout.

Cette conception, qui place le corps social au centre du système politique, fait de la **souveraineté populaire** le pivot de tout système réellement démocratique.

Premières pages de *Du contrat social ou Principes du droit politique*, de Jean-Jacques Rousseau (1762) « L'homme est né libre et partout il est dans les fers. » Cette citation est sans doute l'une des phrases les plus célèbres de ce texte majeur dans l'établissement du concept de souveraineté par le peuple.

VITAM IMPENDERE VERO

17.406

CONTRAT SOCIAL,

ou

PRINCIPES

DU

DROIT POLITIQUE,

Avec les Considérations sur le Gouvernement de Pologne, et sur sa réformation projettée.

PAR J. J. ROUSSEAU.

En Avril 1772.

✳⁓✳

A ROUEN,

Chez la Veuve Pierre Dumesnil, Imprimeur-Libraire, rue de la Chaîne.

M. DCC. XCII.

En 1776, cette volonté du peuple de prendre en main son destin est illustrée par la révolte des colons **américains** contre le Parlement britannique, qui a voté abusivement de lourds impôts et taxes pour les colonies.

Une assemblée indépendante de la métropole anglaise, le **Congrès continental** est créée par les *Insurgents*, tout à la fois héritiers de la révolution anglaise de 1688 et de la philosophie des Lumières.

Le mémorial national du mont Rushmore, situé près de la ville de Rapid City, dans l'État du Dakota du Sud, aux États-Unis (vue partielle). Ce mémorial retrace 150 ans de l'histoire du pays. Les sculptures, hautes de 18 mètres, représentent quatre des présidents les plus marquants de l'histoire américaine. On voit sur cette photo George Washington (1732-1799) et, à sa gauche, Thomas Jefferson (1743-1826), tous les deux « pères fondateurs » de l'indépendance américaine.

Le 4 juillet, ce Congrès proclame la Déclaration d'indépendance des États-Unis. Les treize colonies se disent États souverains et se dotent de Constitutions écrites.

Peinture de John Trumbull intitulée *Déclaration d'indépendance* (1819)
Le texte final de la Déclaration est présenté au Congrès par la Commission des Cinq : de gauche à droite, John Adams (1735-1826), Roger Sherman (1721-1793), Robert R. Livingston (1746-1813), Thomas Jefferson (1743-1826) et Benjamin Franklin (1706-1790).

Les Articles de la Confédération, élaborés en novembre 1777, attribuent au **Congrès** le pouvoir exclusif sur la guerre, les affaires étrangères, la politique monétaire. Mais rien n'est prévu pour que le Congrès puisse faire prévaloir son autorité sur les États, dont il dépend pour lever l'impôt. Ces derniers ne se privent pas pour rejeter les décisions du Congrès. À l'issue de la guerre d'indépendance (1782), il apparaît que les États sont jaloux de leurs intérêts et prérogatives. La confédération américaine est un **échec**. Certains pensent alors qu'il faut restaurer la monarchie. Mais les pères fondateurs ne veulent pas renoncer à l'idéal de **liberté** incarné par la république. En 1787, une convention est réunie à Philadelphie, dont **George Washington** est élu président et James Madison secrétaire. Rapidement, l'accord se fait sur la nécessité de fonder un régime nouveau et d'accroître fortement les pouvoirs du gouvernement fédéral.

La discussion s'engage sur la base d'une proposition de la Virginie, qui contient déjà l'essentiel de la Constitution : pouvoirs législatif, exécutif et judiciaire séparés, deux chambres, suprématie des lois de l'Union sur celles des États. Le projet de Constitution est **adopté** le 17 septembre 1787 par 39 représentants sur les 42 présents.

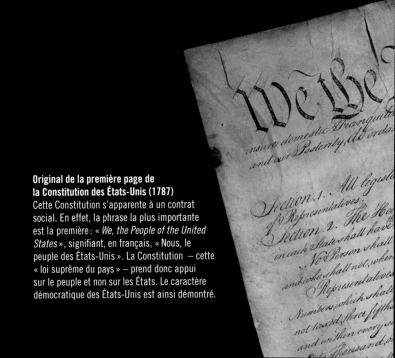

Original de la première page de la Constitution des États-Unis (1787)
Cette Constitution s'apparente à un contrat social. En effet, la phrase la plus importante est la première : « *We, the People of the United States* », signifiant, en français, « Nous, le peuple des États-Unis ». La Constitution — cette « loi suprême du pays » — prend donc appui sur le peuple et non sur les États. Le caractère démocratique des États-Unis est ainsi démontré.

PLe of the United States, in Order to form a more perfect Union, establi th common defence, promote the general Welfare, and secure the Blessings of Liberty ish this Constitution for the United States of America.

Article. I.

erein granted shall be vested in a Congress of the United States, which shall consist of a Ser

tatives shall be composed of Members chosen every second Year by the People of the several St equisite for Electors of the most numerous Branch of the State Legislature. tative who shall not have attained to the Age of twenty five Years, and been seven Years a Citiz nhabitant of that State in which he shall be chosen.

es shall be apportioned among the several States which may be included within this Union, accord y adding to the whole Number of free Persons, including those bound to Service for a Term of Year ons. The actual Enumeration shall be made within three Years after the first Meeting of the C f ten Years, in such Manner as they shall by Law direct. The Number of Representatives sh all have at Least one Representative; and until such enumeration shall be made, the State of uz, Virginia ten, North Carolina five, South Carolina five, and Georgia three. etts eight, Rhode Island and Providence Plantations one, Connecticut five, New York six; N.

Representation from any State, the Executive Authority thereof shall issue Writs of Electio their Speaker and other Officers; and shall have the sole Power of Impeach osed of two Senators from each State, chosen by the Legislature t

Election, they shall be divided as equally as m. second Class at the Expiration o ancies happen by Re meeting of the

Les dix premiers amendements, ratifiés en **1791**, appelés la « Déclaration des droits » (***Bill of rights***), affirment la limitation explicite des pouvoirs de l'État.

Il ne s'agit pas de droits positifs que l'État doit garantir au citoyen, mais bien d'actions dont celui-ci doit s'**abstenir** à son égard.

Emblème de la National Rifle Association (NRA)
Cette association américaine à but non lucratif, créée en 1871, promeut l'utilisation des armes à feu et défend ardemment le deuxième amendement de la Constitution de 1791. Celui-ci garantit le droit, pour tout Américain, de détenir et de porter des armes. Cette disposition, qui fait de chaque citoyen un défenseur du territoire national, fait de plus en plus débat de nos jours.

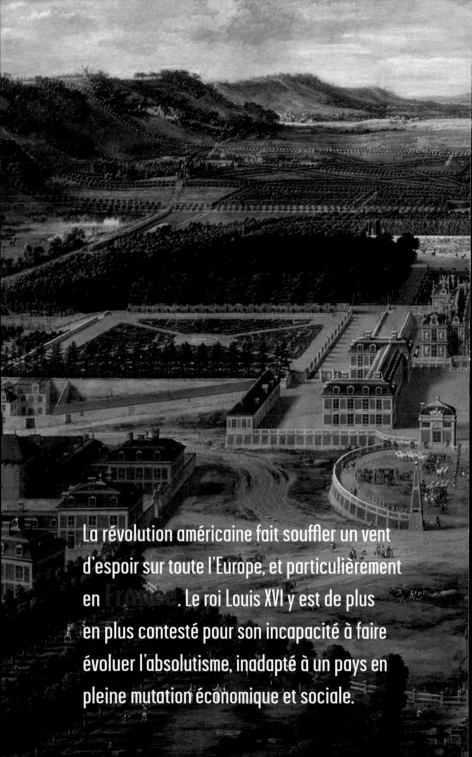

La révolution américaine fait souffler un vent d'espoir sur toute l'Europe, et particulièrement en France. Le roi Louis XVI y est de plus en plus contesté pour son incapacité à faire évoluer l'absolutisme, inadapté à un pays en pleine mutation économique et sociale.

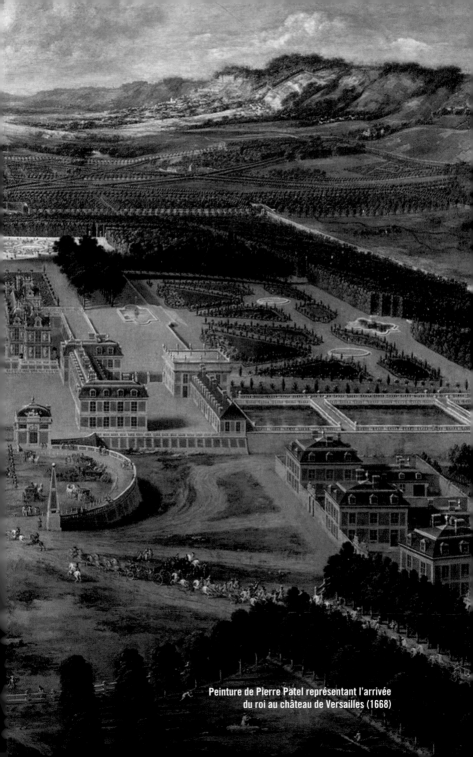

Peinture de Pierre Patel représentant l'arrivée
du roi au château de Versailles (1668)

Par ailleurs, la Couronne est au bord de la banqueroute, notamment en raison de sa participation à la guerre américaine. Face à cette crise financière, le roi lève de nouveaux impôts, ce qui aggrave le **mécontentement**, lui-même provoqué par les mauvaises récoltes de l'année 1788.

Des troubles éclatent dans les provinces. Incapable de rétablir l'ordre, Louis XVI est obligé de convoquer les **états généraux** pour le 1er mai 1789.

Caricature anonyme intitulée *Le tiers état portant le clergé et la noblesse sur son dos* (1789)

La perspective des états généraux suscite de grands **espoirs**. Les paysans espèrent l'allègement des droits seigneuriaux, la bourgeoisie une monarchie parlementaire. Une partie de la noblesse est acquise aux idées nouvelles. Enfin, le bas clergé — le moins fortuné —, qui vit auprès du peuple, est sensible à ses difficultés.

Le 5 mai, Louis XVI ouvre les états généraux, mais son discours ne comporte aucune évocation des réformes tant attendues.

Le 17 juin, le tiers état et quelques membres de la noblesse et du clergé prennent le titre d'« **Assemblée nationale** ». Le 20, voyant que les événements lui échappent, le roi fait fermer le lieu de réunion du tiers état.

À ce coup de force royal répond un **coup d'État** : réunis dans la salle du **Jeu de paume**, les députés jurent de ne se séparer qu'après avoir donné une Constitution à la France. Le 23 juin, Louis XVI ordonne aux députés de siéger en chambres séparées. Le tiers état et le bas clergé refusent (« Nous sommes ici par la volonté du peuple et nous ne partirons que par la puissance des baïonnettes. »). Désespérant de vaincre leur résistance, le roi invite les deux autres ordres à se joindre à eux.

Le 9 juillet, l'assemblée se proclame **constituante**. Les travaux débuteront par une **Déclaration des droits**.

Étude de Jacques-Louis David pour certaines figures centrales de son célèbre tableau *Le Serment du Jeu de paume* (1791)

Cette Déclaration des **droits de l'homme et du citoyen** est le texte fondamental de la Révolution française. Dans le système constitutionnel français actuel, ses dispositions se placent au sommet de la hiérarchie des normes et prévalent sur tout autre texte ultérieur. Le rayonnement mondial de ce texte a incité plusieurs pays à se doter d'une charte similaire. La primauté des droits de l'homme est au cœur des régimes démocratiques du monde.

Art: 5.

La loi n'a le droit de deffendre que les actions nuisibles à la société. Tout ce qui n'est pas deffendu par la loi ne peut être empesché et nul ne peut être contraint à faire ce qu'elle n'ordonne pas.

Art: 6.

La loi est l'expression de la Volonté générale : tous les citoyens ont droit de concourir personnellement ou par leurs représentans à sa formation, elle doit être la même pour tous soit qu'elle protége, soit qu'elle punisse. tous les citoyens sont égaux à ses yeux, sont également admissibles à toutes dignités, places et emplois publics selon leur capacité et sans autre distinction que celle de leurs Vertus et de leurs talents.

Art: 7.

Nul homme ne peut être accusé, arrété ni détenu que dans les cas déterminés par la loi et selon les formes qu'elle a prescrites. Ceux qui sollicitent, expédient, exécutent, ou font exécuter des ordres arbitraires Doivent être punis, mais tout citoyen appellé ou saisi en Vertu de la loi, doit obéïr à l'instant, il se rend coupable par la resistance.

Art: 8.

La loi ne doit établir que des peines strictement et évidemment nécessaires et nul ne peut être puni qu'en Vertu d'une loi établie et promulguée antérieurement au délit et légalement appliquée

Manuscrit original de la Déclaration des droits de l'homme et du citoyen (26 août 1789)

Il énonce les **droits naturels et imprescriptibles** de l'homme : la liberté, la propriété, la sûreté, la résistance à l'oppression. Cet homme nouveau n'est plus un sujet : il participe, par le vote, à l'élection de ses représentants.

C'est un **citoyen**.

Estampe anonyme représentant le ralliement du clergé au tiers état (vers 1790)

Touchez là M^r l'curé, j'favais ben qu'vous feriais des nôtres!...

Les ébranlements révolutionnaires américains et français marquent l'acte de naissance de **la démocratie moderne**. Dès ce moment, s'approfondissant dans ses acteurs et modes d'expression, elle va connaître un long mouvement d'**universalisation**.

Tableau de John Lewis Krimmel représentant un jour d'élection à Philadelphie (1815)
C'est à partir du XVIIIe siècle que la démocratie se développe dans certains pays du monde occidental. Ceux-ci font alors figure d'exception dans un système encore dominé par des monarchies d'inspiration absolutiste.

La démocratie représente une **rupture** radicale dans le fondement et l'organisation du pouvoir. Celui-ci ne tire plus sa légitimité d'une prédestination divine, mais bien du peuple et de sa représentation. Mais, après des siècles de monarchie, ce peuple de citoyens reste à **inventer**.

Tête d'une esclave noire portant un bonnet phrygien (médaillon peint, 1789)

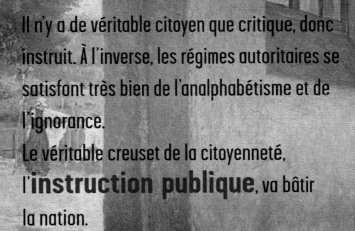

Il n'y a de véritable citoyen que critique, donc instruit. À l'inverse, les régimes autoritaires se satisfont très bien de l'analphabétisme et de l'ignorance.
Le véritable creuset de la citoyenneté, **l'instruction publique**, va bâtir la nation.

La Classe manuelle, **tableau de Richard Hall (1857-1942) peint en 1889**
À partir du XIXe siècle, la majorité des pays occidentaux met en place une politique d'alphabétisation de la population. En France, par exemple, en 1881, le ministre de l'Instruction publique, Jules Ferry, rend l'instruction gratuite et obligatoire. Les pays protestants, dans lesquels chaque individu se doit de savoir lire la Bible, développent cette politique quelques années plus tôt.

Dans les jeunes démocraties, cette exigence d'une formation du citoyen au jugement politique explique la **prudence** initiale dans l'**octroi du droit de vote**, même si celui-ci varie suivant les pays.

Napoléon Louis Bonaparte.

Des **suffrages restreints** limitent le droit de vote à une partie de la population en raison de la fortune, de l'éducation, du sexe, de l'âge, de la religion, de l'origine, de la race, des condamnations pénales, etc.

La construction des démocraties modernes va passer par l'élargissement progressif du **droit de vote**, à tous les hommes sans condition de ressources d'abord, puis, bien plus tard, aux femmes.

Couverture du magazine américain *Judge* mettant en scène le vote des femmes (27 juin 1914)
Aux États-Unis, en 1914, le droit de vote n'est pas encore officiellement accordé aux femmes, mais quelques États l'autorisent déjà.
En France, le suffrage universel, prévu par les Constitutions de 1791 et 1792, est restreint par une condition de revenus. Mais les femmes en sont exclues, et ce, jusqu'à la fin de la Seconde Guerre mondiale.
Au Canada, les femmes obtiennent le droit de vote en 1918.
Au Québec, il faut attendre 1940 pour que les femmes obtiennent ce droit, et ce, après plusieurs années de militantisme des suffragettes de la province.

Judge

Fourth of July Number

JUNE 27, 1914
PRICE, **10** CENTS

VOTE

JAMES MONTGOMERY FLAGG

INDEPENDENCE DAY

La démocratie suppose aussi, de la part des citoyens, des choix et des arbitrages. Conséquence directe de la liberté d'opinion et d'expression, la **liberté de la presse** est reconnue en Grande-Bretagne dès la fin du XVIIᵉ siècle. Consacrée par la Révolution, elle connaît une longue éclipse en France avant d'être reconnue et protégée par la loi du 29 juillet 1881, Au Canada, la Charte canadienne des droits et libertés, adoptée en 1982, garantit la liberté de la presse.

Une du journal *La Minerve* du 9 septembre 1842

Le journal *La Minerve*, créé en 1826, jouera un rôle important dans la conquête de la liberté de la presse au Canada. Son dirigeant, Ludger Duvernay, dénonce avec ferveur la censure de la presse, ce qui lui vaut trois condamnations pour libelle diffamatoire. Boycotté par le clergé, puis interdit de publication pendant les troubles de la rébellion des Patriotes, le journal cesse ses activités entre 1837 et 1842. Dans l'édition du 9 septembre 1842, Ludger Duvernay, de retour d'un exil forcé aux États-Unis, réaffirme les valeurs démocratiques que *La Minerve* entend défendre : « Certes, l'indépendance n'est plus à l'ordre du jour du salut national, mais l'objectif du journal reste toujours l'obtention de la justice et des institutions libres. Le journal entend de plus promouvoir le développement de l'industrie et de l'éducation qui sont les deux sources de la prospérité et du progrès. »

VOL. XII.

**IMPRIMÉE ET PUBLIÉE
PAR LUDGER DUVERNAY.**

NO. I.

MONTREAL, BAS-CANADA.

VENDREDI, 9 SEPTEMBRE, 1842.

PRIX DES AVERTISSEMENS.

CONDITIONS DE CE JOURNAL.

LA MINERVE paroît tous les jours ouvrables, le LUNDI, le MERCREDI et le VENDREDI, durant la séance du parlement; et le LUNDI et le MERCREDI pendant la prorogation.

LA MINERVE,
JOURNAL POLITIQUE, LITTÉRAIRE, AGRICOLE, COMMERCIAL ET D'ANNONCES.

POÉSIE CANADIENNE.

LE RETOUR DE L'EXILÉ.

MÉLANGES.

Légende de Pierre-le-Cruel.

I.

FOUR ÊTRE LU PAR LES DÉMOISELLES

HEURE.

Au même titre que la liberté de la presse, l'existence de **partis politiques** est une condition essentielle de la démocratie. Regroupant des citoyens qui partagent les mêmes idées et se reconnaissent dans un programme de gouvernement, les partis ont pour vocation de présenter des candidats aux élections, afin de conquérir le pouvoir et de participer à la vie parlementaire.

Affiche pour la campagne présidentielle américaine des candidats du Parti Whig (1848)
Le Parti Whig était un parti politique américain de la droite libérale, créé durant l'hiver 1833-1834 pour s'opposer à la politique du président Andrew Jackson. Son nom fait référence à un parti politique homonyme qui existait depuis le XVIIᵉ siècle en Angleterre, opposé au pouvoir du roi et à la Restauration des Stuarts. Zachary Taylor (1784-1850), du Parti Whig (droite libérale), remporte l'élection en 1848, mais décède durant son mandat. Son vice-président, Millard Fillmore (1800-1874), le remplace donc à la tête des États-Unis.

Z. TAYLOR.

M. FILLMORE.

THE PEOPLE'S

CHOICE FOR

PRESIDENT &

VICE PRESIDENT

FROM 1849

TO 1853.

Les droits et libertés établis par les révolutions ont créé les conditions formelles d'une démocratisation des institutions et de la société. Mais ils se révèlent une bien faible garantie contre l'évidence des **inégalités sociales** et économiques.

Couverture du célèbre livre *Oliver Twist*, écrit et publié par Charles Dickens entre 1837 et 1839 sous forme de feuilletons mensuels
Dans ce roman, l'écrivain anglais raconte la survie d'un jeune orphelin dans les rues de Londres. Le livre met en évidence de manière réaliste les conditions sociales très dures qui règnent dans l'Angleterre de la première moitié du XIXe siècle.

CHARLES DICKENS

OLIVER TWIST

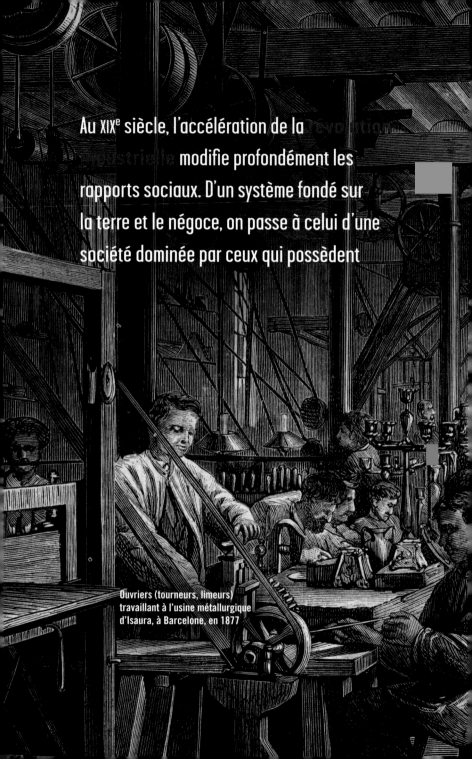

Au XIXᵉ siècle, l'accélération de la modifie profondément les rapports sociaux. D'un système fondé sur la terre et le négoce, on passe à celui d'une société dominée par ceux qui possèdent

Ouvriers (tourneurs, limeurs) travaillant à l'usine métallurgique d'Isaura, à Barcelone, en 1877

les moyens modernes de production, étroitement liés aux innovations techniques. Une classe nouvelle, formée de ceux qui n'ont que leur force de travail à vendre, fait son apparition : la classe ouvrière.

À cette époque, **Tocqueville** exprime déjà des réserves sur l'évolution possible de la démocratie vers une dictature de la majorité au nom de l'égalité, et rejette à ce titre toute orientation socialiste.

« Les institutions démocratiques réveillent et flattent la passion de l'égalité sans pouvoir jamais la satisfaire entièrement. »

(De la démocratie en Amérique)

Alexis-Henri-Charles Clérel, vicomte de Tocqueville (1805-1859), peint par Théodore Chassériau (1819-1856)
Au XIXᵉ siècle, Alexis de Tocqueville, auteur de *De la démocratie en Amérique* (1835-1840), avait pointé les dangers pesant sur la jeune démocratie qu'il était parti étudier aux États-Unis : la passion pour l'égalité, qui, trop brutale, pouvait menacer la liberté individuelle ; la religion de la souveraineté du peuple, susceptible de produire des lois injustes ; l'omniprésence de l'opinion publique, portant en germe le risque de la tyrannie.

Pour **Karl Marx**, aucun pouvoir ne peut être considéré comme légitime, quel que soit le mode de désignation de ses représentants, dès lors qu'il exprime la domination d'une classe sociale. L'égalité politique des citoyens, que les démocraties libérales prétendent garantir, est **niée** par le rapport de domination entre la classe bourgeoise et celle des ouvriers, la classe prolétarienne.

Karl Marx (1818-1883), photographié en 1875
Pour ce philosophe allemand, économiste et théoricien de la révolution communiste, les inégalités économiques ne permettent pas au prolétariat de jouir matériellement des droits et libertés qui lui sont accordés par la Déclaration des droits de l'homme et du citoyen. Il dénonce ainsi la conception bourgeoise et hypocrite de la démocratie.

Pour lui, la démocratie libérale entretient le mythe de « citoyens » égaux alors que les inégalités demeurent. La démocratie réelle implique un changement radical des institutions et des structures de la société — une révolution — pour dépasser le stade capitaliste et créer le

communisme.

Page de manuscrit du *Manifeste du Parti communiste* (en allemand : *Manifest der Kommunistischen Partei*) Commandé par la Ligue des communistes (ancienne Ligue des justes) et rédigé par le philosophe allemand Karl Marx, avec la participation de son ami Friedrich Engels, l'ouvrage est publié en février 1848. Le célèbre slogan final — « Prolétaires de tous les pays, unissez-vous » — avait été adopté par la Ligue des communistes quelques mois auparavant.

D'autres courants, réformistes, parient sur l'approfondissement de la démocratie pour assurer un sort meilleur aux catégories les moins favorisées. La pression de la **question sociale** va ainsi constituer, en Europe notamment, un puissant facteur d'accélération de **démocratisation** des institutions.

Au Canada, dans les années 1870, sont menées les premières **luttes de la classe ouvrière** pour l'abolition des lois antisyndicales. En 1894, l'institution officielle de la fête du Travail symbolise la reconnaissance, par les autorités, de la légitimité du mouvement ouvrier. Ce sont les premiers pas vers une **démocratie protectrice et solidaire**, favorisant l'égalité des chances et les libertés civiles.

Défilé de la fête du Travail, Front Street, Belleville, Ontario (1913)
Au Canada, la fête du Travail a traditionnellement lieu le premier lundi de septembre. Cette journée fériée, qui marque la fin des vacances et la rentrée scolaire, est l'un des premiers acquis du mouvement ouvrier dans sa lutte pour la reconnaissance des droits sociaux au Canada.

Cette évolution, à des rythmes différents, caractérise la plupart des pays d'Europe. Les pays scandinaves, notamment, font très tôt l'expérience de la **social-démocratie**. Il s'agit d'une forme de **réformisme**, non marxiste, défendant en matière politique la négociation et le compromis et, en matière économique, l'intervention de l'État concurremment avec l'initiative privée.

Fredrik Ström (1880-1948)
Cet homme politique suédois était également un écrivain très prolifique. Membre du Parti démocratique social suédois, il obtient un siège au Riksdag, la diète suédoise, de 1916 à 1921. Fredrik Ström a soutenu Lénine, Trotski et la révolution d'Octobre. Mais, en désaccord avec le stalinisme, il rejoint de nouveau le Parti démocratique social suédois. Député de 1930 à 1938, il se considérera toujours comme un communiste.

Pour que la démocratie s'installe puis évolue en prenant mieux en compte la voix et les aspirations des citoyens, il faut cependant que certaines conditions soient réunies. Dans les pays où les structures sociales restent figées et les inégalités très importantes, les bouleversements se font de manière beaucoup plus brutale.

Le tsar Nicolas II de Russie entouré de sa famille, photographié en 1913
Les Romanov sont une dynastie : cette famille impériale régna sur la Russie de 1613 à 1917. C'est la révolution qui les renverse en février 1917 : après des siècles de soumission, le peuple se révolte et l'armée prend parti pour les insurgés. L'ancien régime s'écroule en quelques jours et, malgré son abdication, la famille impériale est enfermée, puis tuée en juillet 1918.

En Russie, la révolution de 1917 renverse le régime des tsars. Le nouveau pouvoir, qui se réclame du marxisme, abolit la propriété privée et instaure la dictature du prolétariat. La souveraineté du peuple est incarnée par le Parti communiste, qui devient la structure dirigeante de toute la société.

L'exemple de la Russie témoigne de la recherche de solutions de rechange à celles que mettent en œuvre les démocraties traditionnelles, confrontées entre les deux guerres mondiales à une **crise** économique majeure. Ce marasme favorise, en Europe, l'émergence de régimes **autoritaires**, pourtant issus du processus démocratique des élections.

Affiche politique nazie pour les élections du Reichstag (1932)
L'affiche met en avant le symbole nazi, la croix gammée, ainsi que le slogan du Parti national-socialiste.
Hitler est nommé chancelier en janvier 1933 par le président, conformément aux règles de la démocratie allemande de l'époque, en qualité de leader du parti ayant le plus de sièges au Reichstag. En revanche, et en dépit de son énorme poids électoral, jamais il n'obtiendra l'appui de la majorité absolue des électeurs, puisque même en mars 1933, après deux mois de terreur et de propagande, son parti n'obtient « que » 43,9 % des suffrages. Toutefois, Hitler atteint l'objectif qu'il poursuit depuis 1923 : arriver au pouvoir légalement.

DAS
VOLK

WÄHLT
LISTE

NATIONALSOZIALISTEN

Reichstagswahl 6.11.32

Les plus **extrémistes** d'entre eux, l'Italie fasciste et l'Allemagne nazie, récusent l'idée démocratique au profit de l'exaltation de la nation, placée sous la seule autorité d'un **chef** charismatique qui l'incarne.

Benito Mussolini (1883-1945), photographie de propagande de 1936

De 1922 à 1945, Mussolini règne sur l'Italie d'une main de fer. À l'origine membre du Parti socialiste, il en est exclu lorsque, en 1914, il se prononce en faveur de l'intervention de l'Italie dans la Première Guerre mondiale. Il fonde en 1921 son propre parti, le Parti national fasciste (PNF) et parvient à la tête du gouvernement l'année suivante. Il plonge l'Italie dans la dictature à partir de 1924 et se rapproche de l'Allemagne et d'Hitler en 1935. Durant la Seconde Guerre mondiale, l'Italie se bat aux côtés de l'Allemagne. En 1943, après la défaite de l'Italie, Mussolini, qui se fait appeler le « *Duce* » — en français, le « chef » — depuis 1925, est arrêté sur ordre du roi. En 1945, il est fusillé par la Résistance italienne, après avoir été arrêté alors qu'il tentait de fuir, déguisé en soldat allemand.

Négation de l'individu et encadrement permanent de la société définissent le **totalitarisme**, un système qui utilise la violence et la terreur comme armes de contrainte. L'Allemagne nazie et l'Union soviétique de **Staline** en constituent, au XXe siècle, les deux exemples principaux.

**Affiche de propagande soviétique montrant
Joseph Staline (1878-1953) recevant
un bouquet de fleurs d'un groupe
d'enfants (détail, vers 1935)**
Staline accède au pouvoir
en 1927, quelque temps
après la mort de Lénine.
Secrétaire général du Parti
communiste durant trente
ans (de 1922 à 1952), il
installe progressivement
un régime de dictature
personnelle, période
pendant laquelle les
historiens lui attribuent,
à des degrés divers, la
responsabilité de la mort de
millions de personnes.

Les événements qui ont conduit à la guerre, qu'il s'agisse de la crise économique ou de la montée des nationalismes, ont souligné les faiblesses et les forces des **démocraties traditionnelles**. Après le conflit, l'idée que la démocratie doit franchir une **nouvelle étape** s'impose dans de nombreux pays.

Une du quotidien *Le Petit Dauphinois* titrant sur le vote des pleins pouvoirs au maréchal Pétain (11 juillet 1940)
Le 10 juillet 1940, une majorité de parlementaires de la Troisième République, traumatisée par la défaite française, choisit de rompre avec la tradition démocratique française et de faire confiance à Pétain. L'établissement de ce régime de collaboration avec l'Allemagne nazie expose, aux yeux du monde, la fragilité de la démocratie. À la Libération, le gouvernement provisoire prépare et met en place la Constitution de 1946, qui instaure la Quatrième République.

PETIT DAUPHINOIS

LE GRAND QUOTIDIEN DES ALPES FRANÇAISES

JEUDI
11
JUILLET 1940

CINQUANTE CENTIMES

Pour que renaisse une France forte

x contre 80 sur 649 votants

mposante majorité que l'Assemblée nationale, réunie à Vichy,
TOUS POUVOIRS AU MARECHAL PETAIN POUR REVISER LA CONSTITUTION

Cette nouvelle Constitution, qui devra garantir les droits de la Famille, du Travail et de la Patrie, sera soumise ultérieurement à la ratification de la Nation

M. Pierre LAVAL

(D'un de nos envoyés spéciaux, Léopold BLOND)

LA SÉANCE

M. Boivin-Champeaux
conclut à l'adoption
du projet

LE VOTE

A l'Est

UNE ESCADRE AN
LIVRE COM

L'Union soviétique installe, dans les pays qu'elle a libérés, des régimes communistes qualifiés, dans un contresens cynique, de **« démocraties populaires »**. En effet, ces régimes à **parti unique**, détenteurs de la totalité du pouvoir, interdisant toute compétition politique, muselant la liberté d'expression et espionnant les populations, ignorent tous les principes élémentaires de la démocratie.

Emblème du Parti socialiste unifié d'Allemagne
(*Sozialistische Einheitspartei Deutschlands*, SED)
En avril 1946, les Soviétiques obligent les membres du Parti social-démocrate (SPD) et du Parti communiste (KPD) en activité dans leur zone d'occupation en Allemagne à fusionner au sein d'un unique parti marxiste-léniniste : le SED, dont l'organisation est calquée sur celle du Parti communiste de l'URSS. Il gardera le pouvoir jusqu'à la chute du mur de Berlin en 1989 (sa prédominance ayant même été inscrite dans la Constitution en 1968).

De même, la **République populaire de Chine**, proclamée en 1949, se définit comme une « nouvelle démocratie ». En fait de démocratie, son fondateur, **Mao Zedong**, parvient progressivement à s'en faire reconnaître comme le dirigeant suprême et mène la Chine vers un État de type totalitaire.

Portrait de Mao Zedong (1893-1976) attribué à Hang Zhenshi (1914-1992) et exposé sur la place Tian'anmen, au centre de Pékin

Fondateur et dirigeant de la République populaire de Chine en 1949, Mao Zedong imposa à la population le collectivisme communiste et la dictature du parti unique, en suivant le modèle soviétique. Au nom de la définition d'une « voie chinoise vers le socialisme », il fut l'inspirateur direct du Grand Bond en avant (1958-1960), politique qui engendra entre 15 et 30 millions de morts. Après avoir été écarté du pouvoir, il souleva les étudiants chinois contre la direction du Parti, livrant les villes à la violence des gardes rouges au cours de la Révolution culturelle (1966-1969). Ayant éliminé ses rivaux, celui que l'on appelait « le Grand Timonier » fait l'objet d'un culte de la personnalité et meurt sans avoir désigné de successeur.

En face, le « monde libre » est constitué, au moins en théorie, de **démocraties libérales** qui se reconnaissent dans leur adhésion commune aux principes de l'économie de marché. La démocratie y apparaît comme une **construction** à poursuivre et à consolider.

C'était les années avant '60, Normand Hudon (1929-1997), dessin (1960)

Au Québec, jusque dans les années 1960, les mouvements sociaux revendiquant une démocratisation se butent au conservatisme des élites politiques et cléricales. En effet, la période d'après-guerre est marquée par la gouvernance de Maurice Duplessis, qui refuse de remettre en question l'ordre établi. Cette période sera connue sous le nom de Grande Noirceur. Elle sera suivie de la Révolution tranquille, une période marquée par les changements politiques, sociaux et culturels qui permettront, à partir de 1960, d'affirmer la séparation de l'Église et de l'État, ainsi que le désir des Québécois de se doter d'un État-providence.

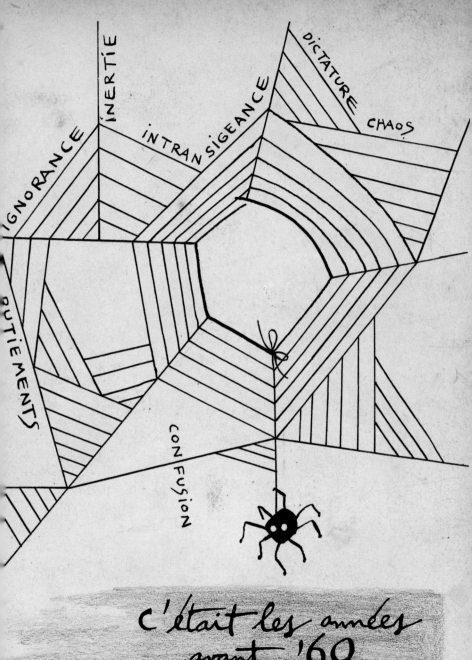

INERTIE

DICTATURE

IGNORANCE

INTRANSIGEANCE

CHAOS

RUTIEMENTS

CONFUSION

c'était les années avant '60

Le premier défi, à partir de la période d'après-guerre, est celui de la lutte contre les inégalités sociales et économiques.

Le développement des systèmes de **Sécurité sociale** dans les pays démocratiques consacre la reconnaissance de nouveaux **droits économiques et sociaux**.

Leonard Marsh (1906-1983), photographié en 1959

Au Canada, le rapport Marsh, rendu public en 1943, préconise l'instauration d'un programme de sécurité sociale afin de contrer la pauvreté et d'assurer le bien-être de la population. L'une des mesures proposées dans le rapport, la création d'un programme d'allocations familiales, est adoptée l'année suivante par le gouvernement canadien.

À l'idée d'égalité des droits se substitue de plus en plus celle d'égalisation des conditions économiques et sociales. À un État trop absent du champ social, il est demandé d'augmenter son rôle de **régulateur**.

L'idée que la démocratie est indissociable du rôle **redistributeur** de l'État s'affirme.

Famille canadienne (1955)
Les allocations familiales sont versées
pour la première fois en 1945 au Canada.
Plus tard, d'autres législations à caractère
social entrent en vigueur : par exemple, la
Loi sur la sécurité de la vieillesse, en 1951,
et la Loi sur l'assurance-hospitalisation
et les services diagnostiques, en 1957.

Parallèlement, l'**élargissement du droit de vote** s'accentue, évoluant vers un suffrage de plus en plus « **universel** », grâce à la suppression progressive des barrières de sexe (vote des femmes), d'âge (abaissement de la majorité légale) et ethniques (par exemple, fin de l'exclusion du vote sur la base de la couleur de peau).

Thérèse Casgrain (1896-1981), ex-présidente de la Ligue des droits de la femme, en compagnie d'une militante
Thérèse Casgrain, très engagée dans la vie sociale et politique du Québec de son époque, s'est illustrée par son acharnement à réclamer le droit de vote pour les femmes. Amorcée dès le début des années 1920, cette lutte porte ses fruits en 1940, année où les Québécoises obtiennent le droit de participer au scrutin provincial, soit 22 ans après l'obtention du droit de vote au fédéral.

La démocratie **étend** également son territoire géographique. En 1947, l'indépendance de l'Inde donne naissance à la plus grande démocratie du monde.

Par la suite, nombreux sont les pays qui adhèrent solidement aux principes de la démocratie (par exemple, le **Portugal**, la Grèce, l'Espagne, l'Afrique du Sud).

Affiche portugaise célébrant la révolution des Œillets du 25 avril 1974
En 1974, le Portugal est encore sous le régime de la dictature salazariste, alors qu'António de Oliveira Salazar est mort quatre ans plus tôt. En avril, l'armée décide d'un coup d'État. En deux jours, la dictature tombe et l'armée prend le pouvoir. Fait rare, les militaires sont porteurs d'un projet démocratique : mise en place d'un gouvernement civil, organisation d'élections libres et décolonisation.
La fin du régime salazariste va permettre au pays de sortir de son isolement. Cet événement s'inscrit dans le vaste mouvement de démocratisation qui touchera bientôt l'Espagne, la Grèce, l'Amérique latine et, un peu plus tard, l'Europe de l'Est.

25 de Abril

SEMPRE

La prospérité des Trente Glorieuses ajoute encore à l'aura universelle du **modèle** des démocraties libérales. La **croissance économique** permet d'accroître les niveaux de vie et d'assurer le financement d'investissements collectifs (santé, sécurité sociale, éducation...). La légitimité des États démocratiques en sort renforcée.

Publicité mettant en scène la **Buick Roadmaster de General Motors, parue dans un magazine américain (avril 1956)** Entre 1945 et 1973, les pays développés sont en pleine période des « Trente Glorieuses » : la croissance est soutenue, ce qui augmente le niveau de vie et permet à l'État de contribuer à l'égalité des citoyens par la dépense publique. La voiture est le symbole par excellence de l'*American way of life*, une culture de la consommation qui témoigne de la prospérité capitaliste et qui se répand à travers le monde. Les chocs pétroliers des années 1970 sonneront le glas de cette période de croissance économique sans nuages.

En **1989** la **chute du mur** de Berlin semble marquer la suprématie définitive du modèle démocratique.

Le philosophe américain Francis Fukuyama énonce la **« fin de l'Histoire »** Il voit dans l'alliance de la démocratie et de l'économie de marché le modèle ultime, qui va s'imposer universellement.

Un homme jongle sur le mur de Berlin, le 16 novembre 1989. Le graffiti noir, rouge et blanc près du jongleur montre une paire de marteaux marchant au pas, une référence au film *The Wall*, des Pink Floyd.

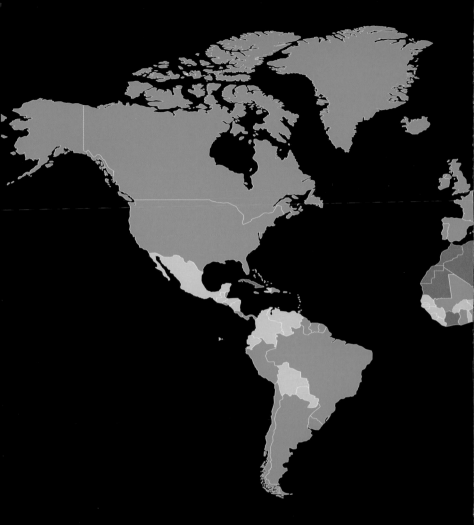

Aujourd'hui,

la démocratie est très répandue, mais de nombreux régimes autoritaires subsistent, au mépris des aspirations des peuples.

Map of Freedom 2011 – Carte établie par l'ONG américaine
**Freedom House, fondée en 1941, et qui se veut un observateur
vigilant et un promoteur de la démocratie dans le monde**
La carte est établie avant les événements survenus dans les pays arabes.
En vert : pays libres (45 % de la population mondiale).
En jaune : pays partiellement libres (31 % de la population mondiale).
En violet : pays non libres (24 % de la population mondiale).

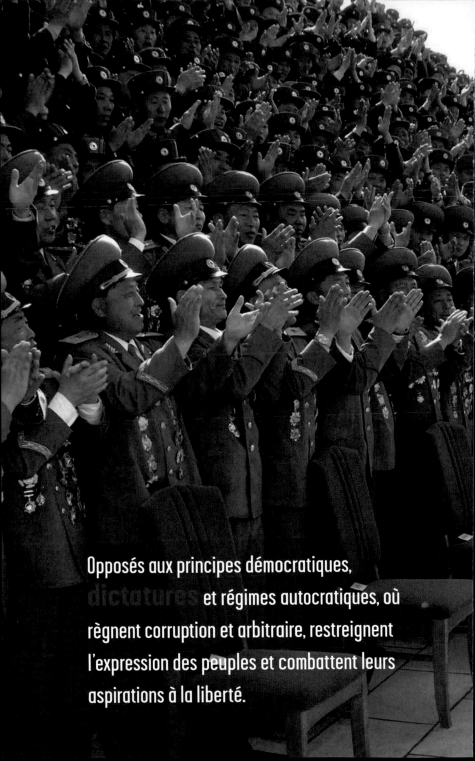

Opposés aux principes démocratiques, dictatures et régimes autocratiques, où règnent corruption et arbitraire, restreignent l'expression des peuples et combattent leurs aspirations à la liberté.

Kim Jong-Il salue l'état-major, Corée du Nord (vers 2009)
La République populaire démocratique de Corée est
l'un des États les plus fermés au monde et les plus répressifs
envers sa population. Le dictateur Kim Jong-Il, fils de Kim
Il-Sung − « président éternel » et fondateur de la Corée
du Nord −, règne sans partage de 1994 jusqu'à sa mort,
en 2011, année ou son fils Kim Jong-Un lui succède.

La démocratie reste, dans bien des cas, un **idéal** à atteindre, au nom duquel des hommes et des femmes **luttent**, parfois au péril de leur vie.

Un homme fait face aux blindés sur la place Tian'anmen à Pékin (1989)
En 1989, un mouvement de révolte voit le jour en Chine : ouvriers, étudiants, intellectuels dénoncent la corruption du régime. Avec l'intervention de l'armée, ces manifestations se transforment en massacres : plusieurs milliers de personnes sont tuées. Cette image célèbre montre le courage qu'il faut aux populations opprimées pour se confronter aux régimes en place.

Pourtant, dans les pays mêmes où elle est la plus ancienne, la démocratie souffre de n'être plus vécue comme une conquête, mais comme un **acquis**.

Parallèlement, un **scepticisme** s'exprime sur l'aptitude de la politique à changer le monde, et les citoyens s'en désintéressent.

Affiche critiquant ouvertement les élections (mai 1968)
Ce slogan des manifestants soixante-huitards montre clairement leur hostilité à l'égard des élections et du régime de Charles de Gaulle. Selon eux, ce ne sont pas à proprement parler les élections qui génèrent de la démocratie, mais le peuple.

ÉLECTIONS

PIEGE A CON

Le taux d'**abstention** aux principaux scrutins, particulièrement élevé chez les jeunes, tout comme le faible engagement des citoyens dans les partis politiques, est le signe tangible de ce **doute** quant à la capacité des démocraties à

Vote mob à l'Université Mc Gill, Montréal (15 avril 2011)

Un *vote mob* est une manifestation de jeunes étudiants qui se rassemblent pour affirmer l'importance d'exercer son droit de vote. Organisées dans plusieurs universités canadiennes en 2011, à la veille des élections fédérales, ces manifestations mobilisent une jeunesse politisée qui souhaite assumer sa citoyenneté. Les participants ont réclamé des politiciens qu'ils tiennent compte des enjeux qui touchent leur génération.

prendre en compte les attentes des citoyens. L'apathie politique généralisée est cependant secouée par des initiatives populaires visant à ranimer la vie démocratique.

La désaffection générale pour le processus démocratique témoigne aussi d'une véritable **crise de la représentation.** Les citoyens se sentent de plus en plus éloignés de la classe politique, qui leur apparaît comme une **oligarchie**, protégée par ses privilèges et détachée des préoccupations du quotidien.

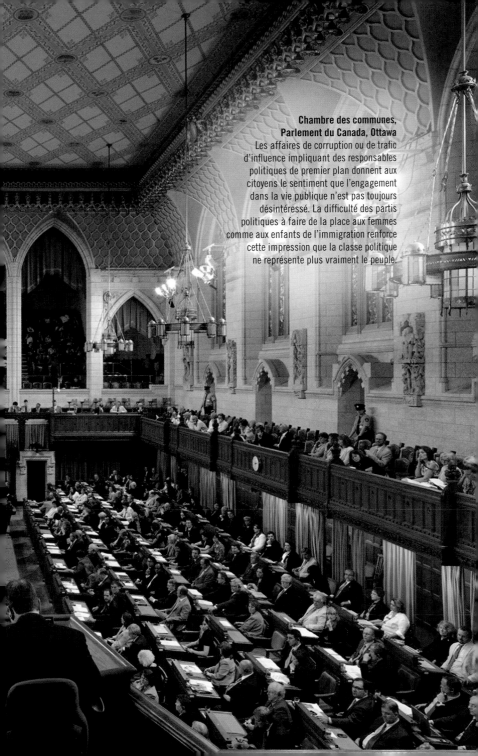

**Chambre des communes,
Parlement du Canada, Ottawa**
Les affaires de corruption ou de trafic
d'influence impliquant des responsables
politiques de premier plan donnent aux
citoyens le sentiment que l'engagement
dans la vie publique n'est pas toujours
désintéressé. La difficulté des partis
politiques à faire de la place aux femmes
comme aux enfants de l'immigration renforce
cette impression que la classe politique
ne représente plus vraiment le peuple.

À ce problème de représentation s'ajoute celui de la **complexité** croissante des sujets qui ont une incidence directe sur la vie des citoyens. Par exemple, en matière environnementale, le débat semble **confisqué** par les grandes entreprises investisseuses et les experts, dont la parole paraît aussi légitime, voire davantage, que celle des hommes politiques.

Le 18 juin 2011, à Montréal, une petite fille participe à une manifestation visant à dénoncer le refus du gouvernement du Québec de décréter un moratoire de 20 ans sur l'exploration et l'exploitation des gaz de schiste malgré les risques environnementaux qui y sont associés.

En **Amérique**, l'intégration économique continentale s'attire les critiques de la société civile. Les répercussions économiques de la **Zone de libre-échange des Amériques** (la ZLEA) et son élaboration sans l'accord de la population remettent en question sa valeur démocratique.

Z

Zone
de
Libre

OQP 2001

E**xploitation**
des peuples et des ressources

A**des**
mériques

**Pour que la démocratie reprenne ses droits,
il faut s'en O.Q.P.**

OPPOSONS-NOUS
ACTIVEMENT
au Sommet des Amériques
et à la Z.L.É.A.

(Zone de Libre-Échange des Amériques)

Opération Québec Printemps 2001

www.oqp2001.org
(418) 521-4000

Les institutions, comme l'armée, l'école ou l'Église, qui structuraient autrefois le « **vivre ensemble** », voient leur influence décliner à partir des années 1960. Parallèlement, l'affaiblissement des corps intermédiaires traditionnels, tels que les partis et les syndicats, constitue un réel **danger** pour la démocratie, dans la mesure où ce sont eux qui la font vivre.

Écusson des zouaves, compagnie de Vanier, Ontario (entre 1969 et 1975)
Le bataillon des zouaves pontificaux est fondé dans les années 1860 dans le but de défendre les États pontificaux menacés par les Guerres d'unification en Italie. Un certain nombre de Canadiens français s'y enrôlent. Après la disparition des États pontificaux, en 1870, le bataillon est dissout. De retour au pays, les vétérans forment des associations paroissiales qui représentent fidèlement, jusque dans les années 1960, les valeurs de l'Église catholique. À partir de cette époque s'amorce le long déclin de l'influence de la religion catholique. Les années 1980 marquent la disparition complète des zouaves pontificaux, preuve parmi d'autres de l'effritement des structures communautaires traditionnelles.

Dans certains cas, ce danger se traduit par la montée des **communautarismes**. Sacralisant les intérêts particuliers, ces derniers vont directement à l'encontre des principes fondateurs de la démocratie, qui postulent précisément le **dépassement** des intérêts particuliers au profit de la volonté générale.

Jeune femme portant le voile islamique
Un débat sur la question du port du voile lors d'un scrutin électoral a cours au Canada et au Québec depuis 2007. Ce débat soulève des questions concernant les aménagements liés au respect de la liberté de religion et à ses limites dans le cadre de l'exercice de la citoyenneté — dans ce cas-ci, la nécessité d'identifier une personne exerçant son droit de vote. Les opposants à un multiculturalisme trop « accommodant » croient que le principe d'une citoyenneté universelle doit être garanti par la laïcité de l'État et qu'il faut éviter de compromettre certaines valeurs inhérentes aux droits de l'homme (comme l'égalité entre les hommes et les femmes) pour préserver la démocratie.

CΛPΦTΛLΦSM

Les **excès** de l'hypercapitalisme financier, affranchi de tout contrôle et de toute préoccupation d'intérêt général, augmentent également la **perte de confiance** dans le pouvoir des institutions démocratiques.

Caricature d'un capitaliste :
« Le capitalisme, c'est la crise »

Mais, loin de ces désillusions, les mouvements de contestation actuels — qu'ils remettent en question le fonctionnement de nos sociétés ou celui de l'économie capitaliste mondialisée — doivent être perçus comme autant d'appels pour de démocratie.

Campement « Occupons Montréal » à la Place Victoria, Montréal (octobre 2011)
Inspiré par le mouvement des « indignés » en Espagne et le mouvement « Occupy Wall Street » aux États-Unis, un groupe d'« indignés » québécois établit un campement au centre du quartier des affaires de Montréal. Ils s'insurgent contre les institutions et les partis politiques et expriment leur désir de changer la société.

De même, le Printemps arabe, qui a touché de nombreux pays d'Afrique du Nord à partir de décembre 2010, démontre la **force** de l'idéal démocratique dans le monde.

Il rappelle que les sociétés démocratiques se sont historiquement construites **contre** la force et l'autorité comme mode de domination.

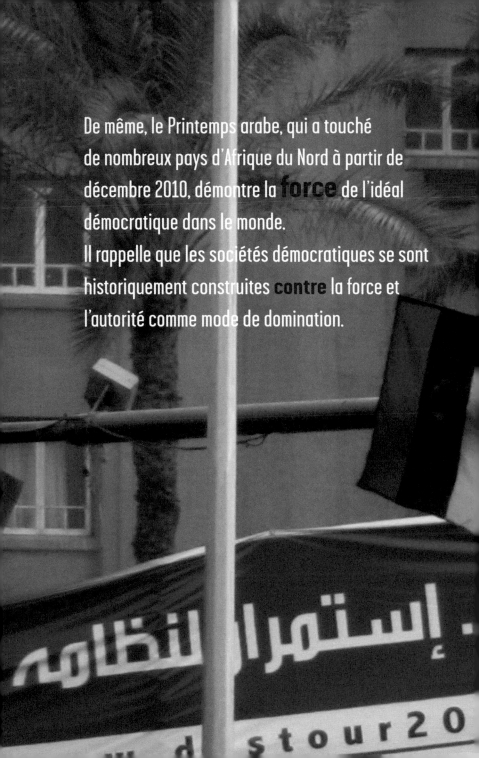

تور مبارك

Manifestants agitant le drapeau égyptien sur la place Tahrir (Le Caire, 4 mars 2011)
À la fin de l'année 2010, de vastes mouvements populaires secouent plusieurs pays arabes. La Tunisie, l'Égypte, puis la Libye, voient leur gouvernement renversé par de véritables ambitions démocratiques.

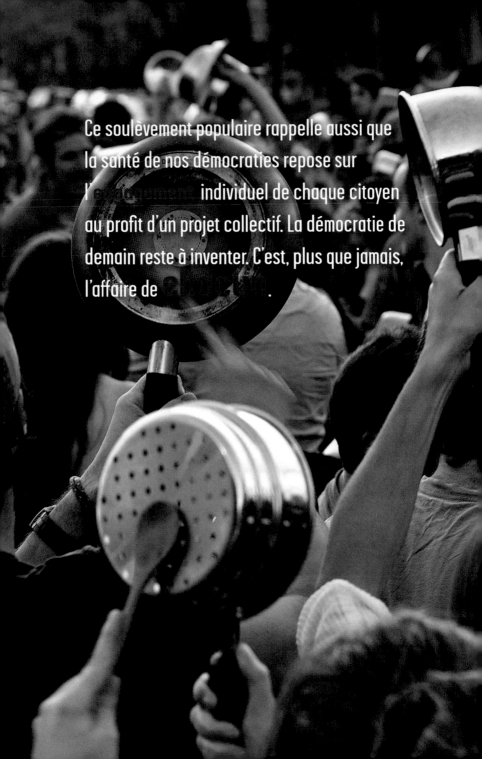

Ce soulèvement populaire rappelle aussi que la santé de nos démocraties repose sur l'engagement individuel de chaque citoyen au profit d'un projet collectif. La démocratie de demain reste à inventer. C'est, plus que jamais, l'affaire de tous.

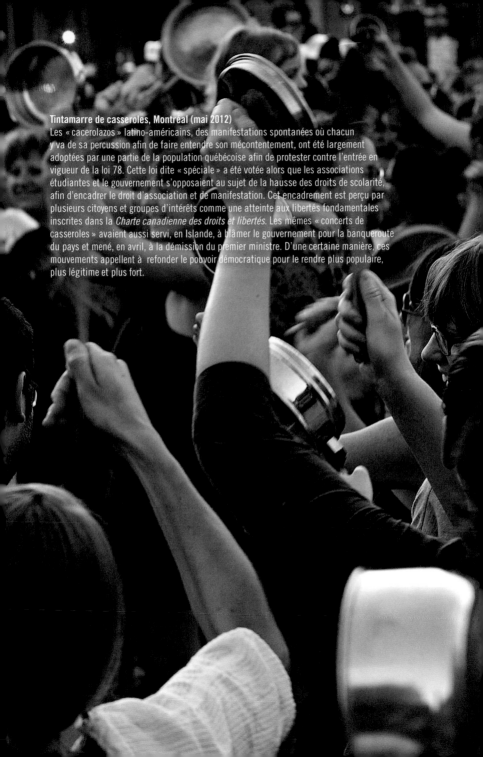

Tintamarre de casseroles, Montréal (mai 2012)
Les « cacerolazos » latino-américains, des manifestations spontanées où chacun
y va de sa percussion afin de faire entendre son mécontentement, ont été largement
adoptées par une partie de la population québécoise afin de protester contre l'entrée en
vigueur de la loi 78. Cette loi dite « spéciale » a été votée alors que les associations
étudiantes et le gouvernement s'opposaient au sujet de la hausse des droits de scolarité,
afin d'encadrer le droit d'association et de manifestation. Cet encadrement est perçu par
plusieurs citoyens et groupes d'intérêts comme une atteinte aux libertés fondamentales
inscrites dans la *Charte canadienne des droits et libertés*. Les mêmes « concerts de
casseroles » avaient aussi servi, en Islande, à blâmer le gouvernement pour la banqueroute
du pays et mené, en avril, à la démission du premier ministre. D'une certaine manière, ces
mouvements appellent à refonder le pouvoir démocratique pour le rendre plus populaire,
plus légitime et plus fort.

Laissons le mot de la fin à l'*understatement*
et à l'humour très britanniques de sir Winston
Churchill, auteur de cette phrase qui vaut d'être
méditée :

« La démocratie est le **pire** des régimes...
à l'exception de **tous** les autres. »

Pour en savoir plus

MARCEL GAUCHET
La démocratie
contre elle-même

La Démocratie
contre elle-même

MARCEL GAUCHET   ESSAI

tel gallimard

La démocratie règne sans partage ni mélange. Elle est venue à bout de ses vieux ennemis, du côté de la réaction et du côté de la révolution. Il se pourrait toutefois qu'elle ait trouvé son plus redoutable adversaire : elle-même. Ce livre rassemble des textes écrits sur vingt ans qui scrutent sous différents angles l'évolution des choses. « Rien n'échoue comme le succès », disait Chesterton. La démocratie survivra-t-elle à son triomphe ?

Éditeur : Gallimard, collection « Tel »

Politique en 30 secondes

Politique en 30 secondes Les 50 concepts politiques les plus importants, expliqués en moins d'une minute

STEVEN L. TAYLOR   LIVRE PRATIQUE

Steven L. Taylor

Hurtubise

Monarchie, néolibéralisme, fascisme, anarchisme, fédéralisme, socialisme, marxisme, syndicalisme, nationalisme… Le pari de ce livre est de permettre au lecteur de saisir les fondements de chacun de ces concepts — incontournables pour la compréhension du monde politique d'hier et d'aujourd'hui — en pas plus de 30 secondes. On y retrouve également les portraits d'hommes politiques ou de philosophes qui ont eu une influence marquante sur la politique, parmi lesquels Aristote, Mussolini, Locke, Marx et Montesquieu. Un ouvrage au contenu brillamment vulgarisé qui constitue une excellente base pour découvrir comment la politique a pensé et révolutionné notre monde.

Éditeur : Hurtubise

Qu'est-ce que la démocratie ?

ALAIN TOURAINE ESSAI

Quel contenu positif peut-on donner à une idée démocratique qui ne peut pas être réduite à un ensemble de garanties contre le pouvoir autoritaire ? Cette interrogation s'impose notamment quand on cherche à combiner la loi de la majorité avec le respect de minorités, à réussir l'insertion des immigrés, à obtenir un accès normal des femmes à la décision politique, à empêcher la rupture entre le Nord et le Sud...

Éditeur : LGF, collection « Biblio Essais »

Qu'est-ce que la citoyenneté ?

DOMINIQUE SCHNAPPER ESSAI

Le terme de citoyenneté est aujourd'hui galvaudé. Il a pourtant un sens historiquement précis : l'appartenance à une communauté politique autonome, définissant des droits et des devoirs. Mais les grandes traditions politiques l'ont interprété différemment pour l'articuler à l'individu, à la nationalité, à la religion, aux inégalités sociales, aux traditions historiques et communautaires. C'est donc l'histoire, les idéologies, la sociologie de la citoyenneté que retrace ce véritable manuel contemporain d'instruction civique.

Éditeur : Gallimard, collection « Folio Actuel »

Pour en savoir plus

Multiculturalisme : Différence et démocratie
CHARLES TAYLOR   ESSAI

Une société démocratique doit traiter tous ses membres comme des égaux. Mais jusqu'où peut-elle aller dans la reconnaissance de leur spécificité culturelle, jusqu'à quel point peut-elle admettre leur différence pour permettre à leur identité de s'exercer librement et de s'épanouir ? Doit-elle veiller à garantir et à maintenir cette spécificité ? Cette reconnaissance politique est-elle nécessaire à la dignité des individus ? Telles sont quelques-unes des questions qui sont au cœur de la controverse sur le multiculturalisme. Le grand penseur québécois Charles Taylor nous propose une réflexion historique et une perspective philosophique concernant l'enjeu fondamental de la demande de reconnaissance par tous les groupes qui coexistent au sein d'une même communauté étatique.

Éditeur : Flammarion

Mr Smith au Sénat
FRANK CAPRA   FILM

Jefferson Smith, jeune politicien naïf et idéaliste, est élu sénateur aux côtés de Joseph Paine, politicien rompu à toutes les combines politiques. Smith découvre les non-dits, les corruptions et les compromissions des hommes politiques, et refuse de rester un homme de paille.

Un grand classique, qui fit scandale dans les milieux médiatico-politiques américains de la côte Est lors de sa sortie, en 1939. Le film fut onze fois nominé aux Oscars.

DVD Columbia Classics

L'Encerclement

RICHARD BROUILLETTE   FILM

À travers les réflexions et les analyses de plusieurs intellectuels de renom, tels que Noam Chomsky, Ignacio Ramonet et Normand Baillargeon, ce documentaire trace un portrait de l'idéologie néolibérale et examine les différents mécanismes mis à l'œuvre pour en imposer mondialement les diktats. Partant de la sanction historique et scientifique que semble avoir conférée la chute de l'URSS à cette idéologie, le film montre comment des *think thanks* (laboratoires d'idées) propagent la pensée néolibérale au sein des universités, dans les médias, auprès des parlementaires, etc. Ce portrait ouvertement critique a été accueilli favorablement par la presse internationale, qui y a vu un exercice certes polémique mais néanmoins rigoureux sur les effets délétères de la pensée néolibérale sur la démocratie mondiale.

Les Films du passeur

Crédits photographiques

Les crédits ci-dessous sont classés par ordre d'apparition des visuels dans l'ouvrage. Malgré toute l'attention portée à cet index, des erreurs ont pu se glisser. Malgré nos démarches, nous n'avons pu retrouver l'origine de certaines iconographies. Leurs auteurs ou éventuels ayants droit peuvent prendre contact avec l'agence MediaSarbacane. (DP : domaine public / DR : droits réservés / MS : MediaSarbacane)

Couverture et page de titre : Paul Fleet/Shutterstock
Pages intérieures : US National Archives, Musée du Louvre, WikiCommons, WikiCommons, Marie-Lan Nguyen/ Wikimedia Commons, MS, WikiCommons, MS, Wikimedia Commons, Giovanni Dall'Orto/Wikimedia Commons, DP, Wikimedia Commons, Wikimedia Commons, Wikimedia Commons, David Monniaux/Wikimedia Commons, Sandro_Botticelli/Wikimedia Commons, DP, DP, DP, Getty Images, Getty Images, JMD Collection, DP, Getty Images, AKG Images, DP, Getty Images, DP, DP, MS, DP, DP, DP, DP, DP, DP, DP, DP, DP, Wikimedia Commons, DP, DP, MS, DP, Chodowiecki/Wikimedia Commons, Banque de France, DP, DP, Library of Congress, DP, DP, MS, DP, Wikimedia Commons, DP, Centre historique des Archives nationales, DP, DP, Getty Images, DP, Centre historique des Archives nationales, MS, Collections Bibliothèque et Archives nationales du Québec, The Granger Collection NYC/Rue des Archives, MS, Getty Images, DP, DP, DR, Rue des Archives, William James Topley/Library and Archives Canada/PA-010698, DP, DP, Bundesarchiv, Getty Images, Collection JMD, MS, DP, DP, DP, Normand Hudon/Musée McCord, University of British Columbia Archives/[UBC 5.1/2025], Yves Beauchamp/La Presse /02-04-1965, MS, The Granger Collection NYC/Rue des Archives/PVDE, DP, Freedom_House, AP, Getty Images, DR, Adam Scotti, Bibliothèque du Parlement/Roy Grogan, La Presse Canadienne/Graham Hughes, Centre de recherche en imagerie populaire de l'UQÀM, Guy Tremblay/Muséoparc Vanier, DR, DR, Martin Chamberland/La Presse, DR, Patrick Sanfaçon/La Presse, DP.

Dans la même collection :

PHILIPPE TAMIC

TOUT
SAVOIR
SUR LE
BIG BANG
GUIDE VISUEL

marcel**didier**

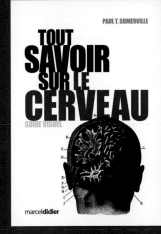

PAUL T. SOMERVILLE

TOUT
SAVOIR
SUR LE
CERVEAU
GUIDE VISUEL

marcel**didier**

AURORE SOARES

TOUT
SAVOIR
SUR LE
NUCLÉAIRE
GUIDE VISUEL

marcel**didier**